성령, 약속의 선물

성령, 약속의 선물

발행일	2020년 7월 24일

지은이	김태완		
펴낸이	손형국		
펴낸곳	(주)북랩		
편집인	선일영	편집	강대건, 윤성아, 최예은, 최승헌, 이예지
디자인	이현수, 김민하, 한수희, 김윤주, 허지혜	제작	박기성, 황동현, 구성우, 권태련
마케팅	김회란, 박진관, 장은별		
출판등록	2004. 12. 1(제2012-000051호)		
주소	서울특별시 금천구 가산디지털 1로 168, 우림라이온스밸리 B동 B113~114호, C동 B101호		
홈페이지	www.book.co.kr		
전화번호	(02)2026-5777	팩스	(02)2026-5747

ISBN	979-11-6539-326-7 03230 (종이책)	979-11-6539-327-4 05230 (전자책)

이 도서의 국립중앙도서관 출판예정도서목록(CIP)은 서지정보유통지원시스템 홈페이지(http://seoji.nl.go.kr)와
국가자료공동목록시스템(http://www.nl.go.kr/kolisnet)에서 이용하실 수 있습니다.
(CIP제어번호: CIP2020030567)

(주)북랩 성공출판의 파트너
북랩 홈페이지와 패밀리 사이트에서 다양한 출판 솔루션을 만나 보세요!
홈페이지 book.co.kr • **블로그** blog.naver.com/essaybook • **출판문의** book@book.co.kr

그리스도인이 꼭 알아야 할 성령 세례

성령, 약속의 선물

김태완 지음

열두 사도부터 핍박자 사울, 이방인 코넬료까지
성경 속 인물들에게 배우는 성령의 선물과 세례

북랩 book Lab

나는 서른세 살이 되던 해(1983년) 봄, 충북 제천에서 성도 60명 정도의 작은 교회에 출석하기 시작했다. 그 교회는 시멘트 블록으로 벽을 쌓았고 지붕은 석면 슬레이트였으며 바닥은 보도블록을 깔아 두었다. 강단 맞은편 예배당 입구의 반대편 바닥에는 송판 덮개를 열고 들어가는 깊이 1.8㎜쯤 되는 약 두 평(2.5㎜×2.5㎜) 정도의 지하 기도실이 하나 있었다.

교회에 출석한 지 몇 달이 지난 후 그 지하실에서 몇 명의 믿음의 선배들을 따라 거의 매일같이 모여 기도했는데, 당시 함께 기도하던 형제 중 한두 명은 방언으로 열심히 기도하며 자기가 성령 체험한 것을 간증하기도 했다. 나도 그들처럼 방언으로 기도하고 싶어서 어떻게 해야 방언할 수 있느냐고 물었지만 그들은 그냥 열심히 기도하다 보면 방언을 받는다고만 했다.

그러나 아무리 기도하고 금식해도 방언은 받지 못했고 마음이 답답한 나는 어느 목사님께 어떻게 해야 방언을 할 수 있느냐고 물었는데 그는 "남자가 방언을 안 하면 어떠냐?"라고 했다. 나는 남자들은 굳이 방언을 말하지 않아도 되는 줄 알고 조금은 마음이 편했지만, 얼마 지나지 않아 또 방언하고 싶은 마음에 견딜 수가 없었다.

교회를 출석하기 시작한 다음 해의 늦은 봄, 교회에 부흥회가 있었는데 강사 목사님은 "성령을 받고 방언을 하려면 산 기도 가서 소나무 뿌리 세 개 정도는 뽑도록 기도해야 한다."라고 하셨다.

'성령받기가 그렇게 힘들고 어려운 것이라면 바른 기도도 할 줄 모르는 나 같은 초신자가 어떻게 성령을 받고 방언을 말할 수 있을까? 또 언제쯤 받을 수 있을까? 그리고 어느 정도 믿음이 좋아야 받을 수 있을까?' 그런 걱정을 하게 되었고 심지어는 '성령을 받지 않고 그냥 신앙생활만 잘하면 안 될까?'라고 생각도 했었다. 그 후로 나는 여러 해 동안 성령과 방언 받음에 대해 고민하고 갈등하게 되었다.

오늘날 교회 구성원들 중 많은 사람이 '성령받음'에 대해 관심이 없을 뿐 아니라 심지어 구원의 확신이 없는 채로 교회 행사에 열심을 내는 것이 구원 얻은 것이며 신앙생활을 잘하는 것으로 착각한다.

또 어떤 이들은 '성령받음'에 관심은 있지만 교회 교육의 부족이나 잘못된 가르침으로 '성령받음'을 바르게 이해하지 못해서 내가 처음 그랬던 것처럼 많은 세월을 방황하며 갈등하기도 한다.

바울이 에베소 교회에 방문했을 때 그곳 교인들에게 "너희가 믿을 때에 성령을 받았느냐?"라고 질문하자 그들은 "아니다, 우리는 성령이 있음도 듣지 못했다."라고 하며 요한의 물세례를 받았다고 했다.

바울은 이들에게 요한이 회개의 세례를 베풀며 백성에게 말한 "내 뒤에 오시는 이를 믿으라."라고 했는데 그가 바로 예수라 하자 그들이 듣고 주 예수의 이름으로 세례를 받았다. 바울이 그들에게 안수하자 성령이 그들에게 임하시므로 방언도 하고 예언도 했는데 모두 열두 사람쯤 되었다.

성령이 있음을 듣지도 못했던 에베소 교인들은 바울이 전한 "성령으로 세례 주시는 예수"를 믿고 실제로 성령을 받았다. 이와 같이 성령을 받는 것은 **인간의 어떤 노력이나 행위나 공로 또는 신앙의 수준에 도달해야 받는 것이 아니라 "누구든지 죄 사함을 얻으면 성령을 선물로 받"**(행2:38)**는 것이다. 이때 성령 세례도 동시에 받는 것이 아버지의 약속임을 믿는 믿음으로 받는다.**

이 책이 독자들에게 성령받는 길잡이가 되고 또 그것을 바르게 가르치는 데 도움이 되기를 기대한다.

차 례

언제인가 한 형제에게 "당신은 성령을 받았습니까?"라고 물었는데 그는 "신앙생활만 잘하면 되지 꼭 성령을 받아야 합니까?"라고했다. 그의 말대로 성령과 무관한 사람이 신앙생활을 잘할 수 있을까? 신앙생활을 잘하려면 어떻게 해야 할까?

예수님은 수가성 우물가에서 인생에 목말라하는 한 여인을 만나 "영생하도록 솟아나는 샘물"과 같은 성령을 소개하시면서 "성령 그가 아니고는 누구도 하나님이 기뻐하시는 신령과 진리의 참 예배를 드릴 수 없다."라고 하셨다(요4:13~14, 23).

'롬8:7~9'에서 "만일 누구든지 그 속에 그리스도의 영이 없으면 그는 그리스도인이 아니라."라고 하시면서 "육신의 생각은 하나님과 원수가 되기 때문에 하나님의 법(뜻)에 굴복하지 않을 뿐 아니라 할 수도 없으므로 하나님을 기쁘시게 할 수 없다."라고 하셨다. 이는 사람이 성령에 의하지 않고는 믿음으로 살 수 없다는 말씀인데 믿음으로 살지 못하는 사람이 어떻게 신앙생활을 잘할 수 있을까?

예수님은 교회를 향하여 "세상에 빛과 소금이 되어 세상의 본이 되라(마5:13~16)."라고 하시면서 그것이 하나님께 영광 돌리는 길이라고 말씀하셨지만 오히려 세상이 교회를 걱정스러운 눈빛으로 바라보는 현실이 되었다. 이는 교회의 지도자들은 물론 교회 구성원들 중 많은 사람이 성령의 인도하심에 순종해서 신앙생활을 하지 않고 자기 생각을 따라 하려 하기 때문일 것이다.

아버지께서 성령을 주신 중요한 이유 중 하나는 구원 얻은 자가 회개에 합당한 열매를 맺어 흠 없고 순전하며 성숙한 신앙인으로 그리스도의 날에 자랑할 것이 있게 하려 함이며 또 하나는 복음을 위한 권능 있는 예수 증인이 되게 하기 위함이다. 이는 성령이 아니면 불가능하기 때문이다.

사람은 성령이 아니고는 구원을 얻을 수 없을 뿐 아니라 신앙생활도 바르게 할 수 없다. 그러므로 성령은 받아도 되고 안 받아도 되는 것이 아니라 반드시 받아야 하는 것이다. 그렇기 때문에 하나님 아버지께서 죄 사함을 얻고 구원 얻은 자 누구에게나 주시겠다고 약속하신 것이다.

제1장

성령, 아버지의 약속하신 것

인간이 살아가는 사회에서 서로 간의 유익을 도모하기 위하여 공평하고 올바른 관계를 유지시켜 주는 데 필수 불가결한 요소는 약속, 즉 사회를 유지하기 위한 법과 규칙(사회법) 그리고 도덕이다. 그래서 어떤 사람들이 말하는 것처럼 우리가 살아가는 이 사회를 '계약 사회'라고 할 수 있다.

약속이란 쌍방 간에 공통의 이익을 추구할 목적으로 상호 다짐하는 것인데, 이를 위해 세부 실천 사항을 문서화해서 계약서를 작성하고 이에 대한 증인을 세우거나 공증을 해서 그 약속이 효과적으로 유지되도록 보증한다.

약속을 한 당사자들은 서로가 약속을 지키기 위해 각기 계약서를 보관하고 그 내용을 숙지하여 상대가 계약대로 이행하지 않을 경우 약속 이행을 요구하며 계약에 의한 제재를 하기도 하고 때로는 약속 불이행에 대한 책임을 물어 손해를 청구하기도 한다.

상상할 수도 없는 일이지만 만일 우리가 살아가는 이 세상에 약속이 없다면 약한 자는 강한 자에게 억압과 강탈을 당하며 고통

속에 살아야 하고, 낮은 자는 높은 자에게 종노릇하며 비천한 노예처럼 살아야 하고, 가난한 자는 부한 자에게 멸시 천대를 받는 비참한 삶을 살게 될 것이다.

법과 질서의 약속이 있어도 죄악과 폭력이 난무하는 이 세상인데 더구나 약속이 없다면 이 세상은 온통 생명을 위협하는, 무법천지의 폭력이 잠시도 멈추지 않는 두렵고 떨리는 흑암과 혼돈의 세상이 될 것이다.

인간이 살아가는 세상이 이러하듯 하나님 아버지께서는 인간과의 모든 관계를 약속 관계로 설정하시고 그 내용을 문서로 기록하셨다. 그 문서가 바로 기록된 성경 말씀이며 이 계약서의 근거와 목적은 그 아들 예수 그리스도이고 이를 보증하시는 이는 성령이시다.

하나님은 인생이 아니시므로 그가 하시는 그의 모든 역사를 그가 인간에게 말씀으로 약속하신 그대로 이루어 가신다. 그러므로 신앙은 하나님께서 인간을 위해 인간을 대상으로 세우신 하나님의 약속의 말씀을 믿는 것을 말한다.

[민23:19] 하나님은 인생이 아니시니 식언치 않으시고 인자가 아니시니 후회가 없으시도다 어찌 그 말씀하신 바를 행치 않으시며 하신 말씀을 실행치 않으시랴

하나님께서 성령을 약속하셨다

~~~~~~

하나님 아버지께서는 불성실한 인간과는 달리 신실하신 분이시므로 그가 성경에서 말씀으로 약속하신 것은 무엇이든지 그대로 이루신다. 그 신실하신 하나님께서 선지자를 통해서 오늘날 구원 얻은 자 누구에게나 "내신을 부어 주겠다."라고 하시면서 다음과 같이 약속하셨다.

[욜2:28~32] 그 후에 내가 내 신을 만민에게 부어 주리니 너희 자녀들이 장래 일을 말할 것이며 너희 늙은이는 꿈을 꾸며 너희 젊은이는 이상을 볼 것이며

[행2:16~21] 누구든지 여호와의 이름을 부르는 자는 구원을 얻으리니

[표 1-1] 아버지께서 선지자 요엘에게 약속하신 것

약속	대상	방법	약속 내용	관계 성경
내신 (성령)	만민 (이방인)	부어 주심 (세례)	장래일, 꿈, 이상을 봄	행2:16~21 요14:17

하나님 아버지께 구원 얻은 자 누구에게나 "부어 주시겠다."라고 약속하신 성령은 "장래에 일어날 하나님의 비밀에 대하여 예언하게 하시며, 내일이 없는 늙은이들에게는 영생 유업에 대한 꿈을 앉고 소망으로 살게 하며, 젊은 청년들에게는 마음을 새롭게 하여 이 세

상과는 다른 차원의 하늘나라를 보게 할 것이라."라고 하셨다.

그리고 마지막 때(환란 직전 주의 재림) 끝까지 믿음을 지킨 자들은 "여호와의 부름을 받고 불 심판(불지옥)을 면하게 될 것"이라고 하셨다. 이는 아버지께서 약속하신 성령께서 구원 얻은 자에게 오시면 (성령을 받으면) 구원 얻은 자에게 나타나게 될 현상을 말씀하심이다.

하나님 아버지께서 선지자 요엘에게 말씀하신 이 약속은 당시의 이스라엘 백성들에게 하신 약속이 아니라 그리스도께서 장차 부활 승천하시고 성령이 강림하신 후 구원 얻게 될 그들의 후손들에게 하신 말씀이다. 그들 중 누구든지 주 여호와(주 예수 그리스도)의 이름을 부르면(회개와 예수 이름의 세례) 하나님께서 그 죄를 사해 주시고 구원해 주실 뿐 아니라 그 증거로 성령을 부어 주시겠다(선물)고 약속하신 것이다.

하나님께서는 죄 사함을 얻고 구원 얻은 그의 자녀들에게 좋은 선물을 많이 주셨는데, 그중에서도 가장 귀한 선물은 예수 대신 또 다른 보혜사이신 성령 그분을 선물로 보내 주심이다.

이는 인간의 공로나 노력 또는 신앙의 수준으로 받는 것이 아니라 순전히 하나님 아버지께서 "구원 얻은 자 누구에게나 주시겠다."라고 미리 약속하신 그 말씀을 믿는 자들에게 선물로 거저 주신 것이다.

그러므로 성령은 하나님께 달라고 사정하거나 땀 흘려 노력해서 받는 어떤 대가가 아니라, 아버지께서 구원 얻은 자에게 주시지 않으면 안 되는 필요에 의해 주시는 약속의 선물이다. 이는 마치 어미가 갓난아이에게 필요한 것을 주지 않으면 안 되는 것과 같다.

하나님께서 약속하신 성령을 보내 주셨다

[행2:1] 오순절 날이 이미 이르매 저희가 다 같이 한곳에 모였더니 [2] 홀연히 하늘로부터 급하고 강한 바람 같은 소리가 있어 저희 앉은 온 집에 가득하며 [3] 불의 혀같이 갈라지는 것이 저희에게 보며 각 사람 위에 임하여 있더니 [4] 저희가 다 성령의 충만함을 받고 성령이 말하게 하심을 따라 다른 방언으로 말하기를 시작하니라

[표 1-2] 오순절 성령 강림과 제자들의 성령 충만

성령 강림	대상	출원	결과
급하고 강한 바람 같은 소리	온 집에	위로부터	가득히
불의 혀같이 갈라지는 것	제자들 위에	임하심	성령 충만

제자들은 예수님이 분부하신 대로 예루살렘을 떠나지 않고 성전 부근의 한 집에 모여 "아버지의 약속하신 것"을 기다리고 있었다. 예수님이 부활하시고 아버지께로 가신 지 열흘째인 오순절 날이 되자 마침내 주께서 말씀하신 대로 아버지께서 약속하신 성령을 보내 주셨다.

이날 갑자기 하늘로부터 급하고 강한 바람 같은 소리가 제자들이 앉아 있는 온 집에 가득했다. 그러자 마치 불꽃이 혀처럼 갈라져 각 제자들 위에서 넘실거리고 있는 것이 보였다(환상). 제자들은 다 성령의 충만함을 받고 성령이 말하게 하시는 대로 다른 방언으로 말하기 시작했다.

홀연히 하늘로부터 "급하고 강한 바람 같은 소리"나 "불의 혀같이 갈라지는 것"은 마치 나뭇가지가 흔들리면 바람이 부는 것을 알 수 있는 것처럼 아버지의 약속하신 성령 그분이 눈에 보이지는 않았지만 실제로 오셨음을 나타내 주시는 현상을 말씀하심이다.

이날 강림하신 성령께서 제자들에게 성령의 충만함을 받게 하시고 다른 방언으로 말하게 하신 것은 아버지께서 선지자 요엘을 통해서 약속하신 '성령' 그분이 제자들에게 임하심으로 나타난 현상이다. 이는 침례 요한이 말한 그리스도께서 베푸시는 "성령과 불세례"이다.

이는 부활하시기 전 예수께서 제자들에게 말씀하신 대로 영원토록 함께 있을 "또 다른 보혜사"를 보내 주신 것이다. 또한, 부활하신 예수께서 권능을 받고 증인이 되기 위해 "아버지의 약속하신 것"을 "기다리라."라고 하신 것이다. 또 이날 이 성령을 받은 베드로가 '행 2:38~39'에서 "죄 사함을 얻으면 성령을 선물로 받는다."라고 말한 "이 약속"(행2:16~21)이 이루어진 것이다(행2:38~40).

앞에서 살펴본 대로 "아버지의 약속하신 성령"인 그분은 죄 사함과 구원 얻은 자 누구에게나 주시는 선물이다. 그(성령)는 구원 얻은 자에게 오셔서 인치시고 보증하시는 동시에 성령으로 충만하게 해서 권능 있는 예수 증인이 되게 하신다.

성령받음은 죄 사함을 얻고 구원 얻은 자 누구에게나 선물로 거저 주시겠다고 말씀하신 아버지의 약속을 믿음으로 받는다. 이날 (오순절 날) 이후로는 누구든지 주의 이름을 부르는 자(구원 얻은 자)는 아버지께서 약속하신 이 성령을 받는다.

생각해 보기

하나님 아버지께서는 그가 이루시고자 하시는 모든 일을 성경을 통하여 말씀으로 약속하시고 그 약속의 말씀대로 이루어 가신다.

아버지께서 만민과 남종과 여종에게 성령을 부어 주시겠다고 약속하신 이유는 마지막 때(이방인의 구원의 때)에 여호와의 이름을 부르는 자들이 심판을 피하고 구원을 얻게 하시기 위함이다.

부활하신 예수님께 제자들에게 "아버지의 약속하신 것을 기다리라."라고 하신 이유는 아버지의 이 구원 계획을 이루기 위해 먼저 구원 얻은 자들이 하나님께서 주시는 권능을 받아야 남은 자들에게 그리스도 예수(구원의 복음)의 증인이 될 수 있기 때문이다.

[눅24:49] 볼지어다 내가 내 아버지의 약속하신 것을 너희에게 보내리니 너희는 위로부터 능력을 입히울 때까지 이 성에 유하라 하시니라

하나님께서 예수 이름으로 성령을 통하여 주시는 권능이 아니면 누구든지 그리스도 예수를 구원자로 증거할 수 없다.

Q. 아무리 무서운 맹수라도 그 새끼를 낳아만 놓고 제멋대로 크도록 버려둔다면 그 새끼가 살아갈 수 있을까?

Q. 사람이 자식을 낳아만 놓고 버려둔 채 돌보지 않는다면 그 아기가 며칠이나 살 수 있을까?

Q. 하나님께서 사람을 구원해 놓고는 함께 있을 성령을 보내 주시지 않고 버려둔다면 그는 어떻게 될까(벧전5:8)?

제2장

아버지께서 약속하신 성령, 그는 누구신가

모든 사람이 가지고 있는 그 이름은 그 사람을 상징한다. 사람의 이름에는 겉모습은 물론 그 사람의 삶의 모습, 즉 생각과 말과 행동은 물론 품격(인격)과 추구하는 가치관과 이념 그리고 사상 등 모든 것을 내포한다. 그러므로 어떤 사람의 이름은 그 사람 자체, 즉 그 사람의 본질을 의미한다.

그래서 우리는 어떤 사람에 대해 말할 때 그 사람의 이름을 지칭하는데, 이는 그 사람의 품격(삶의 모습)이 이름에 담겨 있기 때문이다. 다시 말해서 어떤 사람의 삶의 모든 내용(본질)은 그 사람의 이름이라는 그릇에 담긴다.

성령은 진리의 영이신데, 구원 얻은 자를 고아와 같이 버려두지 않고 영원히 함께하시며 위로하시기 위해 예수 이름으로 오신 또 다른 보혜사이시다.

성령, 그는 예수 이름으로 오신 또 다른 보혜사

[요14:26] 보혜사 곧 아버지께서 내 이름으로 보내실 성령 그가 너희에게 모든 것을 가르치시고 내가 너희에게 말한 모든 것을 생각나게 하시리라

□ 성령, 그는 예수 이름으로 오신 분이다

만일 일반 시민이 잔인한 범법자나 무지막지하게 달리는 대형 차량을 단속하려 한다면 오히려 공격만 당하고 말 것이다. 그러나 누구든지 교통 경찰관이 되는 순간 해당 위반자를 제재할 권세와 징벌할 법 집행 능력을 동시에 부여받는다.

포악하고 잔인한 범죄자들이 형사들을 피해 도망 다니다 체포당하고 무지막지하게 달리던 불법 자동차가 교통 경찰관이 불어 대는 자그마한 호각 소리에 놀라서 꼼짝도 못 하고 정지하는 것은 국가에서 그 형사와 교통 경찰관에게 범법자를 제재할 수 있는 권세와 다스릴 수 있는 법 집행 능력(권력)을 주었기 때문이다.

사람이 구원을 얻기 전까지는 자기 이름이 인생의 주인이다. 그러나 죄에서 구원을 얻는 순간, 성령께서 예수 이름을 가지고 그 사람에게 오시기 때문에 그때부터 그 인생의 주인은 예수님이시다.

[요16:13] 그러나 진리의 성령이 오시면 그가 너희를 모든 진리 가운데로 인도하시리니 그가 자의로 말하지 않고 오직 듣는 것을 말하시며 장래 일을 너희에게 알리시리라 [14] 그가 내 영광을 나타내리니 내 것을 가지

고 너희에게 알리겠음이니라

[요15:26] 내가 아버지께로서 너희에게 보낼 보혜사 곧 아버지께로서 나
오시는 진리의 성령이 오실 때에 그가 나를 증거하실 것이요

성령, 그분은 구원 얻은 자에게 장래 일을 알리시는데 자기 임의
로 말하지 않고 오직 듣는 것을 말하시며 모든 진리 가운데로만 인
도하시어 주 예수님의 것을 가지고 주의 영광을 나타내신다.

이는 그가 예수 이름으로 오셨기 때문이며, 아버지께서 아들에게
모든 것을 다 주셨기 때문에 아버지께 있는 것은 다 예수님의 것이
다. 그래서 주님은 "그가 내 것을 가지고 너희에게 알리리라."라고
하신 것이다(요16:13~15).

성령께서 예수 이름으로 오셨다는 것은 그가 이름뿐인 바지사장
처럼 형식적이고 무능한 존재로 오신 것이 아니라 예수님의 모든
것(권능: 권세와 능력)을 가지고 예수님 대신 예수님의 대행자로 오셨
다는 의미이다.

이는 아버지께서 그 아들 예수에게 주신 모든 권세와 능력을 성
령께서 동일하게 위임받아 가지고 오셨다는 의미이다.

□ **성령, 그는 또 다른 보혜사이시다**

[요14:15] 너희가 나를 사랑하면 나의 계명을 지키리라 [16] 내가 아버지
께 구하겠으니 그가 또 다른 보혜사를 너희에게 주사 영원토록 너희와

함께 있게 하시리니 [17] 저는 진리의 영이라 세상은 능히 저를 받지 못하나니 이는 저를 보지도 못하고 알지도 못함이라 그러나 너희는 저를 아나니 저는 너희와 함께 거하심이요 또 너희 속에 계시겠음이라 [18] 내가 너희를 고아와 같이 버려두지 아니하고 너희에게로 오리라

죄 사함을 얻고 구원 얻은 자는 하나님의 자녀이다. 그래서 '롬 8:14' 이하에서 구원 얻은 자는 "무서워하는 종의 영을 받지 않고 양자의 영을 받았으므로 하나님을 아빠 아버지라고 부른다."라고 하시면서 이는 "성령께서 친히 구원 얻은 자의 영과 더불어 구원 얻은 자가 하나님의 자녀인 것을 증거하시는 것"이라고 말씀하고 있다(롬8:14~16).

하나님께서는 인간을 구원해 주시고 이들이 죄의 세력과 싸우면서 홀로 고민하도록 버려두지 않으시려고 예수님 대신 그들과 영원히 함께하실 또 다른 보혜사이신 성령을 보내 주셨다.

주께서 아버지 안에 계심으로 인해 아버지도 주 안에 계신 것 같이 예수 이름으로 오신 성령 그분께서 구원 얻은 자 속에 계심으로 인해 구원 얻은 자는 주님 안에 거하고 주님은 구원 얻은 자 안에 계신 것이다.

성령께서는 구원 얻은 자가 주님과 연합된 하나 됨을 알게 하시고 구원 얻은 자로 하여금 주님을 사랑하며 그의 계명을 지키게 해 주시고 아버지의 사랑을 확인하게 하시며 또 주님도 구원 얻은 자를 사랑해서 그의 일상생활과 복음 전파 사역에 함께 역사해 주신다.

예수님께서는 제자들과 함께 먹고 마시고 행동하시고 사역하시며

매 순간마다 함께하시며 보호하시고 지켜주시고 인도해 주셨다. 이처럼 예수 이름으로 오신 보혜사 성령은 예수님 대신 구원 얻은 자를 고난과 슬픔과 고통 그리고 기쁨에 함께하시며 위로해 주신다.

또 다른 보혜사란 모양과 형상과 본질이 똑같은 둘이 있는데 그 중 또 다른 하나를 가리킨다. 예수께서 친히 성령을 '또 다른 보혜사'라고 지칭하신 것은 그분이 예수님 자신의 대리자일 뿐 아니라 동등하신 분이라는 의미이다. 그래서 예수님은 그분을 "아버지께서 내 이름(예수)으로 보내실 성령"이라고 말씀하신 것이다.

아버지께서 성령을 보내 주신 것은 예수님이 아버지께로 가시고 안 계시는 동안 주님 다시 오시는 그 날까지 예수님을 대신해서 제자들과 장차 구원 얻을 후사들을 인도하시고 가르치시고 보호하시고 지켜 주실 또 다른 이가 필요했기 때문이다.

성령, 그는 가르치시고 생각나게 하신다

[요14:26] 보혜사 곧 아버지께서 내 이름으로 보내실 성령 그가 너희에게 모든 것을 가르치시고 내가 너희에게 말한 모든 것을 생각나게 하시리라
[27] 평안을 너희에게 끼치노니 곧 나의 평안을 너희에게 주노라 내가 너희에게 주는 것은 세상이 주는 것 같지 아니하니라 너희는 마음에 근심도 말고 두려워하지도 말라

성경 '롬8:14'에서는 하나님의 영으로 인도함을 받는 자가 곧 하나님의 아들이라고 말씀하고 있는데, 이는 성령 그가 하나님 자녀에

게 모든 것을 가르치시고 예수께서 말씀하신 모든 것을 생각나게 하시기 때문에 마음에 근심이나 두려움 없이 평안한 마음으로 순종할 수 있다는 것이다.

예수님이 언제나 제자들을 가르치시고 인도하신 것처럼 성령께서도 믿는 자에게 하나님 말씀을 지켜 행하도록 모든 것을 가르치시고 예수께서 말씀하신 모든 것을 생각나게 해서 아버지의 뜻대로 살아가도록 인도하신다. 그러므로 말씀을 깨닫고 지혜로운 생각이 날 때 그것을 내 생각이라고 무시하지 말고 순종해야 한다.

지나가던 어른이 길거리에서 동무들과 재미있게 노는 어떤 어린 아이에게 이것저것 시킨다고 해서 그 아이가 그의 말을 듣지 않는 것은 그 아이가 그 사람의 자녀가 아니기 때문이다.

이와 같이 양은 타인의 음성을 알지 못함으로 불안해서 따라가지 않고 도리어 도망가지만 자기 목자의 음성은 알기 때문에 평안한 마음으로 그 음성을 따라간다(요10:4, 27).

목자의 음성을 듣고 따라가는 양처럼 하나님의 자녀는 성령께서 가르치시고 생각나게 하시는 하나님의 말씀이 자기 영혼을 살리는 생명의 양식이 됨을 알기 때문에 그 말씀에 순종한다.

예수 이름으로 오신 성령께서는 세상이 주는 것과는 다른 주님이 주시는 평안을 주신다. 그러므로 성령께서 가르치시고 생각나게 하실 때 마음에 근심을 하거나 두려워하지 말아야 한다.

성령, 그는 진리로 인도하시고 예수만 증거하신다

[요16:13] 그러나 진리의 성령이 오시면 그가 너희를 모든 진리 가운데로 인도하시리니 그가 자의로 말하지 않고 오직 듣는 것을 말하시며 장래일을 너희에게 알리시리라 [14] 그가 내 영광을 나타내리니 내 것을 가지고 너희에게 알리겠음이라 [15] 무릇 아버지께 있는 것은 다 내 것이라 그러므로 내가 말하기를 그가 내 것을 가지고 너희에게 알리리라 하였노라(요15:26~27)

위 본문에서 아버지의 약속으로 오시는 또 다른 보혜사이신 성령 그분을 "진리의 성령"이라고 소개하고 있다. 이는 성령께서 구원얻은 자를 오직 하나님 말씀으로만 인도하신다는 의미이다.

거짓 선지자는 마귀에 속한 자이므로 세상의 가치와 복을 마치 하나님의 진리의 말씀인 것처럼 교묘하게 포장하고 왜곡시켜서 미혹하고 유혹한다. 하지만 성령께서는 오직 참 진리인 하나님 말씀으로만 인도하신다.

성경에서는 "무릇 하나님의 영으로 인도함을 받는 그들은 곧 하나님의 아들이라(롬8:14)"라고 말씀하고 있는데, 이는 믿지 않는 자는 성령의 역사를 보지도 못하고 알지도 못하기 때문에 성령의 인도하심에 순종하지 않을 뿐 아니라 할 수도 없다는 것이다.

만일 어떤 사람이 성령의 인도하심을 모른다면 그의 안에는 성령이 계시지 않은 것이며 이로 인해 그는 하나님과 원수가 되는 생각만 하고 하나님의 말씀을 지켜 행하지 않을 뿐 아니라 순종할 수도 없다. 그러므로 사람이 하나님의 자녀가 된 증거는 그가 성령의 인도하심을 받고 순종하는지 아닌지에 달려 있다.

성령에 인도하심에 순종하지 않는 사람은 육신의 일만 생각하므로 사망으로 인해 멸망하게 되고 성령께 순종하는 자는 영의 일을 생각하므로 영원한 생명과 평안을 얻는다고 말씀하신다.

성령, 그는 진리의 영이시며 구원 얻은 자를 모든 진리 가운데로 인도하신다. 그뿐만 아니라 자기 임의로 말씀하시지 않고 오직 성경에 기록된 말씀(예수의 것)으로만 인도하시며 하나님 나라에 관한 장래 일들을 미리 알리시며 예수의 영광을 나타내신다.

이는 성령께서 아버지의 것이자 그 아들 예수 그리스도의 것을 가지고 구원 얻은 자에게 오셔서 알리시기 때문이다. 성령께서 구원 얻은 자를 이렇게 진리로만 인도하시고 그리스도 예수만 증거하시는 것은 그가 예수 이름을 가지고 오셨기 때문이다.

성령, 그는 죄와 의와 심판에 대해 책망하신다

[요16:8] 그가 와서 죄에 대하여, 의에 대하여, 심판에 대하여 세상을 책망하시리라 [9] 죄에 대하여라 함은 저희가 나를 믿지 아니함이요 [10] 의에 대하여라 함은 내가 아버지께로 가니 너희가 다시 나를 보지 못함이요 [11] 심판에 대하여라 함은 이 세상 임금이 심판을 받았음이니라

아버지의 약속으로 오신 성령, 그는 믿지 않는 세상 사람들을 구원하시기 위해서 그들이 회개해야 할 죄에 대하여, 의에 대하여, 심판에 대하여 잘못 생각하고 있는 것들을 책망해서 깨닫게 하신다.

성령께서 사람들을 책망하시는 것은 다음과 같다.

첫째, 성령께서는 하나님의 아들 예수 그리스도께서 세상 죄를 대신해서 죽으신 구원자이심을 믿지 않는 것을 '죄'라고 책망하시며 깨닫게 하시고 믿고 구원받도록 인도하신다.

만일 누구든지 믿지 않는 죄를 자백하고 회개하면 자비와 긍휼이 풍성하신 하나님께서는 그 죄를 반드시 사해 주실 뿐 아니라 세상의 모든 죄악(자범죄)에서도 깨끗하게 해 주시겠다고 약속하셨다.

내가 처음 교회를 나가던 83년 여름(8월 초, 교회에 나간 지 6개월 정도)에 장로님을 따라 산상 부흥회에 참석했다. 기도원 가까이 가자 당시 (나 같은 죄인 살리신) 찬송가 405장에 맞춰 북을 둥둥 치는 소리가 산 아래까지 들려왔는데, 그 북소리는 마치 내 심장을 두드리는 것만 같았다. 당시 하나님에 대하여 잘 몰랐지만 발걸음이 마치 북소리에 맞추어 구름 위를 둥둥 떠서 걷는 것처럼 가볍게 느껴졌다.

기도원 건물은 대형 천막이었는데, 천막을 고정하는 받침 기둥만 남기고 하부에서 말아 올려 바람을 통하게 했지만 그 뜨거운 여름 날에 내리쬐는 태양열을 감당하기에는 역부족이었다. 그런데도 약 200여 명의 성도가 모여 땀을 흘리며 기도하고 찬송을 부르고 있었다.

강사는 약 50세쯤 되어 보이는 여자 전도사님이었는데, 설교를 마친 후 통성으로 회개 기도를 하자고 하셨다. 당시 나는 교회에 출석한 지 6개월 정도 되었지만 무엇을 어떻게 회개해야 하는지 잘 몰랐다.

나는 나를 낳아 주시고 길러 주시느라 고생하신 73세 부모님을 가까이 모시지도 못하고 멀리 고향에 두고 각기 살고 있어 죄송한 마음에 눈물이 나지 않을 수 없었다. 나이 30세가 넘도록 지금까지 부모님께 효도하지 못한 것이 가장 큰 죄인 것 같아서 그 죄를 용서해 달라며 소리쳐 회개했다. 그렇게 5분 정도 기도했을까? 갑자기 목이 막혀 숨을 쉴 수가 없어서 기도를 더 이상 할 수 없었다. 하나님이 원하시는 기도는 불효에 대한 회개가 아니고 불신앙에 대한 회개였음을 얼마의 시일이 지난 후에 알게 되었다.

물론 성령께서는 사람이 살아오면서 지은 과거의 죄도 깨닫고 회개하게 하신다. 그러나 우선은 하나님의 아들 예수 그리스도께서 나의 죄를 대신해서 죽으시고 부활하신 구원자이심을 믿지 않는 것(원죄)을 말씀하신다. 이 죄의 문제가 해결되지 않는 한 하나님과의 관계에서는 다른 아무것도 기대할 수 없다.

둘째, 성령께서는 죄를 회개하면 하나님께서 용서하신다. 대신 "의롭다"라고 하시는 것을 믿지 못하면 이를 책망하시며 죄를 회개하여 죄 사함받고 거듭나도록 인도하신다.

[롬3:23] 모든 사람이 죄를 범하였으매 하나님의 영광에 이르지 못하더니 [24] 그리스도 예수 안에 있는 구속으로 말미암아 하나님의 은혜로 값 없이 의롭다 하심을 얻은 자 되었느니라 [25] 이 예수를 하나님이 그의 피로 인하여 믿음으로 말미암는 화목 제물로 세우셨으니 이는 하나님께서 길이 참으시는 중에 전에 지은 죄를 간과하심으로 자기의 의로우심을 나타내려 하심이니 [26] 곧 이때에 자기의 의로우심을 나타내사 자기도 의

로우시며 또한 예수 믿는 자를 의롭다 하려 하심이니라

[27] 그런즉 자랑할 데가 어디뇨 있을 수가 없느니라 무슨 법으로냐 행위로냐 아니라 오직 믿음의 법으로니라 [28] 그러므로 사람이 의롭다 하심을 얻는 것은 율법의 행위에 있지 않고 믿음으로 되는 줄 우리가 인정하노라

하나님은 의로우시다. 그래서 인간의 죄를 신속하게 징벌하시지 않고 끝까지 참으시며 회개하고 돌아오기를 기다리고, 그 뒤에 마침내 자기의 의로우심을 나타내신다. 이와 같이 인간이 "의롭다" 하심을 얻은 것은 율법적 행위에 기인하지 않은, 전적으로 하나님께 받는 은혜다.

오직 그리스도 예수께서 인간의 죄를 용서해 주시기 위해 십자가에서 피 흘려 죽으시고 하나님께서 그를 죽은 자 가운데서 다시 살리신 것도 모두 믿음에 의한 것이다. 왜냐하면 하나님께서 인간이 저지른 범죄를 위하여 예수 그리스도를 화목 제물로 내어주셨고 또한 인간을 의롭다 하시기 위하여 살아나게 하셨기 때문이다(롬 4:24~25).

그러므로 하나님의 의는 그리스도 예수께서 죽은 자 가운데서 다시 살아나시어 아버지께로 가셨음을 믿고 자기 자신도 죄 사함을 얻어 새롭게 다시 태어나야 함을 말한다. 이는 부모의 혈육을 받아 육으로 난 존재가 성령에 의하여 하나님으로부터 다시 태어나는 것이다.

예수 그리스도께서 죄에서 구원해 주시기 위해 대신 죽으심을 믿는 것은 하나님으로부터 죄 사함을 얻고 의롭다 하심을 얻음으로

써 멸망의 사망 권세를 이기고 거듭난 것이므로 영생 유업을 잇게 해 준다.

그러나 이를 믿지 못한다면 인간은 거듭난 새 생명으로 살 수가 없다. 왜냐하면 하나님께 공급받은 영원한 생명이 없기 때문이다. 그래서 성령께서는 회개하지 않는 자를 책망하시며 회개해서 의롭다 하심을 얻으라고 촉구하신다.

셋째, 성령께서는 이 세상 임금은 이미 심판받았음을 믿지 않고 그를 따라 죄의 종노릇하며 세상 정욕을 따라 사는 것을 책망하시며 그들이 하나님께 돌아오도록 인도하신다.

이 세상은 공중 권세를 잡은 악한 세력(이 세상 임금)이 통치하고 있지만, 그들은 그리스도의 대적자이므로 이미 멸망의 심판을 받은 존재이다. 이것을 깨닫지 못하고 그들을 추종하며 죄의 종노릇을 하면 마지막 심판의 날에 그 대적자와 함께 심판받게 될 것을 책망하고 경고하신다.

그러므로 이 세상을 따라 세상이 추구하는 가치와 세상이 자랑하는 것들을 이루기 위해 죄의 종노릇을 하지 말고 회개하고 그에 합당한 열매를 맺어야 한다. 그러나 만일 세상 유혹을 좇아 죄에 종노릇하는 것을 청산하지 못한다면 그가 누구든지 주님 다시 오시는 날에 그 죄의 세력과 함께 멸망의 심판을 면치 못하게 될 것이다.

성령, 그는 성부 하나님과 성자 예수님과 동등하신 하나님이시며 동일한 속성과 인격을 소유하신 분이다. 인간으로 하여금 복음을 통하여 죄를 깨닫고 회개해서 거듭나게 하심으로써 그들이 아버지

의 뜻대로 살아가도록 인도하시어 심판을 받지 않고 영생에 이르게
하시는 분이다.

생각해 보기

성령, 그분은 권세나 능력 또는 어떤 추상적인 존재가 아니다. 그
분은 살아 있고 운동력 있는 하나님의 말씀을 능력으로 나타내시
는 분으로, 실제적이고 역사하시며 인격을 가지신 하나님과 동등한
한 하나님이시다.

성령, 그분은 주님이 다시 오실 때까지 구원 얻은 자를 인치시고
보증하셔서 회개에 합당한 열매를 맺게 하시고 또 예수 증인으로
하나님께 영광을 돌리고 예수의 제자로 살아가도록 진리로 인도하
시는 분이다.

Q. 당신은 일상생활과 복음 전파 사역에서 성령의 인도하심을 받고 있습니까?

Q. 성령께서는 당신에게 예수 이름의 권능(권세와 능력)을 나타내 주십니까?

Q. 성령께서는 당신에게 죄와 의와 심판에 대하여 깨닫게 해 주십니까?

제3장

성령, 목마른 자의 생명수

모든 짐승이 물을 찾는 것은 목마름을 해소하지 않고는 살아갈 수 없기 때문이다. 그래서 목숨의 위험을 무릅쓰고 목마름을 해소하기 위해서 시냇가를 찾는다.

목마른 사슴이 생명의 위험을 무릅쓰고 물을 찾듯이 목마른 인생도 그 목마름을 해소하기 위해서는 지금까지 세상 자랑으로 여겨 오던 것을 기꺼이 포기하고서라도 주께 나아가 그가 주시는 생명수를 마셔야 한다.

물을 찾기에 갈급한 사슴처럼

[시42:1] 하나님이여 사슴이 시냇물을 찾기에 갈급함 같이 내 영혼이 주를 찾기에 갈급하니이다 [2] 내 영혼이 하나님 곧 생존하시는 하나님을 갈망하나니 내가 어느 때에 나아가서 하나님 앞에 뵈올꼬 [3] 사람들이 종일 나더러 하는 말이 네 하나님이 어디 있느뇨 하니 내 눈물이 주야로

TV 프로그램 〈동물의 왕국〉에서 사슴이 물을 마실 때면 한 번에 다 들이켜지 않고 조금 마시고 고개를 쳐들고 주위를 둘러보고 또 조금 마시고는 주변을 둘러보곤 한다. 만일 사슴이 목마름 때문에 경계를 풀고 마음 놓고 물을 마시다가는 맹수의 공격을 피할 수 없기 때문일 것이다.

맹수는 먹잇감을 찾아 물가를 이리저리 배회하다가 멀리서 물을 찾는 사슴이 오면 물가 갈대밭에 몸을 납작 엎드려 숨어서 기다린다. 목마른 사슴은 이리저리 주변을 둘러보다가 안전하다고 생각되면 즉시 달려가서 물을 조금 마시고는 얼른 고개를 들고 주위를 둘러본다. 그리고는 다시 고개를 숙이고 물을 마신다.

맹수는 이것을 숨어서 지켜보다가 배를 땅에 깔고 살금살금 기어서 더 가까이 다가간다. 그리고는 정신없이 물을 들이키는 사슴에게 전광석화처럼 달려든다. 이때 만일 사슴이 주위를 경계하지 않고 물을 마시면 맹수에게 잡아먹힌다.

목마른 사슴이 물을 찾기에 갈급해할 때가 맹수의 공격 기회인 것처럼 우리네 인생도 환난과 시련으로 목말라하며 방황할 때가 온갖 정욕과 유혹이 파도처럼 밀려오는 위기의 때이다. "대적마귀는 이 기회를 놓치지 않고 우는 사자같이 두루 다니며 삼킬 자를 찾기 때문에 근신하고 깨어 있으라."라고 성경은 경고하고 있다(벧전 5:8).

목마른 자는 인생에 닥친 위기로 인해 수고하고 무거운 짐을 지고 비탈길을 올라가는 고달픈 삶을 이어가는 연약한 자들이다. 예수님은 인간이 이렇게 목마른 인생을 사는 것은 "하나님을 떠나 영원한 생명의 양식이 아닌 것을 위해 삶에 모든 것을 투자하고 수고하기 때문이다."라고 하시며 목마름으로 수고하는 인생들에게 "너희는 와서 돈 없이, 값없이 내가 주는 포도주와 젖을 사라."라고 초청하고 계신다.

[사55:1] 너희 목마른 자들아 물로 나아오라 돈 없는 자도 오라 너희는 와서 사 먹되 돈 없이, 값없이 와서 포도주와 젖을 사라 [2] 너희가 어찌하여 양식 아닌 것을 위하여 은을 달아 주며 배부르게 못 할 것을 위하여 수고하느냐 나를 청종하라 그리하면 너희가 좋은 것을 먹을 것이며 너희 마음이 기름진 것으로 즐거움을 얻으리라

사람의 육신이 좋은 음식을 먹음으로써 배부름의 만족을 느끼고 맛있고 기름진 것을 먹음으로써 마음에 즐거움을 얻는 것처럼 영혼의 배부름과 즐거움을 얻으려면 주께서 주시는 영혼의 양식이 되는 하나님의 말씀을 먹어야 한다.

시편 23장에서는 시냇가에 심기운 나무가 시절을 좇아 과실을 맺으며 가뭄에도 마르지 않음 같이 인생이 그 하는 일마다 형통(주님이 주시는 기쁨)하려면 먹어도 배부르게 하지 못할 육신의 양식을 구하기 위해 수고할 것이 아니라, 오직 영혼을 살찌우는 양식인 하나님의 말씀을 즐거워하여 그 말씀을 주야로 묵상해야 한다고 말하고 있다.

육신의 정욕을 채우기 위해서 사는 미련한 인생들은 악인의 꾀에 빠져서 죄에 종노릇하며 오만한 자리에 앉아서 약한 자를 겁박하

고 멸시하면서도 강한 자에게는 마음에도 없는 웃음을 보이며 비위를 맞추는 비굴한 삶을 산다.

하나님께서는 이들 목마른 자들을 향하여 "내게 돌아오지 않는 것이 악인의 길을 가는 것이며 불의한 자의 생각을 버리지 못하는 것"이라고 경고하신다(시1:1~3).

하나님은 인생의 목마름으로 갈증을 호소하는 이들에게 "너희가 내게 돌아오면 내가 너희를 불쌍히 여기고 모든 죄를 용서하겠다." 라고 약속하시면서 바로 이때, 즉 "인생의 목마름으로 방황하고 있을 때가 나를 찾을 만한 때이며 내가 너희 가까이 있을 때이므로 나를 부르면 내가 즉시 만나 주겠다."라고 하셨다(사55:6).

예수님이 주시는 물은 돈 없이 값없이 거저 주시는 물인데 이는 포도주처럼 마시면 즐거움이 되고, 또 이것은 어린아이가 먹는 젖과 같아서 먹으면 생명의 양식이 되는 성령이라고 말씀하셨다.

주님이 주시는 생명수와 같은 이 성령은 목마른 인생들에게 기쁨을 주시고 죽어 가는 영혼을 살리는 생명의 양식이 된다. 사람은 포도주를 먹음으로써 마음에 기쁨을 얻고 갓난아이는 젖을 배불리 먹음으로써 평화로이 잠든다. 이처럼 수고하고 무거운 짐을 진 인생은 주께서 주시는 생명수를 먹고 마셔야 쉼과 평안과 자유를 누리며 참 기쁨의 삶을 살 수 있다.

영생하도록 솟아나는 샘물

[요4:13] 예수께서 대답하여 가라사대 이 물을 먹는 자마다 다시 목마르려

니와 [14] 내가 주는 물을 먹는 자는 영원히 목마르지 아니하리니 나의 주는 물은 그 속에서 영생하도록 솟아나는 샘물이 되리라

사람들은 몸의 건강을 위하여 암반수, 심층수 또는 해저수를 찾지만 아무리 좋은 물이 있을지라도 한 번 먹어서 육체를 영원히 목마르지 않게 하는 물은 세상 그 어디에도 없다. 만일 그런 샘물이 있다면 굳이 광고를 하지 않아도 입소문을 타고 많은 사람이 그 샘에 몰려올 것이다.

사람들은 육체의 목마름을 잠시 해소하는 물을 찾는 것에 지대한 관심을 가지고 몸에 좋은 약수가 있다면 어디든 달려가서 줄을 지어 퍼먹으려 한다. 그러나 자신의 삶을 어지럽게 하는 영혼의 목마름을 해결하는 일에는 대체로 무관심한 것 같다.

예수님은 당시의 유대인들을 향하여 "내가 주는 물은 영생하도록 솟아나는 샘물인데 이 물을 먹는 자는 영원히 목마르지 않다."라고 외쳤지만 그들은 와서 마시기는커녕 오히려 생명수를 주시겠다는 예수님을 "십자가에 달아 죽이라."라고 소리쳤다.

예수님께서 주시겠다고 하시는 이 물은 한 번 마시면 그 마신 자의 속에서 영생하도록 솟아나는 샘물과 같아서 영원히 죽지 않고 영생하게 하는 성령을 가리킨다. 그러므로 누구든지 인생에 목마른 사람은 이 물, 즉 예수께서 주시는 "영생하도록 솟아나는 샘물"인 성령을 받아야 그 인생이 다시는 목마르지 않게 된다.

예수님은 목마른 인생들에게 "너희 목마른 자들아 다 내게로 와서 내가 주는 물을 먹으라."라고 하시면서 성령에 대하여 소개하셨다.

세상이 주는 기쁨은 일시적인 것이라서 그때뿐이지만 예수께서 목마른 인생에게 주시는 기쁨은 세상이 주는 기쁨과 달라서 한 번 받으면 영원한 기쁨이 된다. 이는 그 먹은 자의 속에서 영생하도록 솟아나는 샘물처럼 그 마음속에서 기쁨이 영원히 끊이지 않고 솟아나기 때문이다.

□ 사마리아 수가성 우물가의 여인

[요4:5] 사마리아에 있는 수가라 하는 동네에 이르시니 야곱이 그 아들 요셉에게 준 땅이 가깝고 [6] 거기 또 야곱의 우물이 있더라 예수께서 행로에 곤하여 우물곁에 그대로 앉으시니 때가 제 육시쯤 되었더라 [7] 사마리아 여자 하나가 물을 길러 왔으매 예수께서 물을 좀 달라 하시니

내가 어렸을 때 살던 시골 고향 마을에는 수백 년이 넘은 향나무 아래 마을 공동 우물이 하나 있었다. 동네 아낙네들은 이 우물에서 물을 길어 똬리를 머리에 받치고 그 위에 무거운 물동이를 이고 집으로 향했다. 걸을 때마다 한 방울, 두 방울 얼굴로 튀어 내리는 물방울을 손등으로 훔쳐 내며 조심조심 발걸음을 옮겼다.

때로는 우물 저만치에 떨어져 있는 돌판 위에서 빨랫방망이를 신나게 두드리며 무슨 할 말이 그렇게도 많은지 웃기도 하고 속삭이기도 하다가 한숨을 지으며 넋두리를 하기도 했다. 그 시절 마을 공동 우물가의 빨래터는 이렇게 아낙네들의 아픈 마음을 토해 내고 달래 주며 서로서로 위로하며 마음의 아픈 상처를 치유하는 장

소였다.

시골 마을 농번기인 초여름의 정오는 태양이 뜨겁게 내리쬐는 시간이이다. 들판 여기저기서 "이럇!", "어저저!", "워워!"라고 하며 바쁘게 소를 몰며 외치던 소리도 잠잠해지고 모두 점심 식사를 마치고 들판 나무 그늘 아래서 한낮의 더위를 피하여 잠시 낮잠을 잔다.

이 시간에는 우물가에서 들려오던 빨랫방망이 두드리는 소리도 조용해지고 집 안에서 설거지를 하며 분주하게 움직이던 아낙네들도 하던 일손을 잠시 멈추고 시원한 대청마루에 앉아 부채질을 하며 피곤한 몸을 달랜다.

예수께서 유대를 떠나 갈릴리로 가시는 길에 사마리아 수가 마을을 지나게 되었는데 이 마을에도 이런 우물이 있었다. 때가 정오쯤 되었는데 제자들이 음식을 구하러 마을로 들어간 사이, 예수님은 그곳 우물가 그늘 아래 앉아 잠시 쉬고 있었다.

이때 사마리아 여자 하나가 물을 길어 오자 예수께서 그 여인에게 먹을 물 좀 떠 달라하셨는데 그 여인은 "당신은 유대인인데 왜 사마리아 사람인 나에게 물을 달라고 하느냐?"라고 냉정하게 거절했다. 당시 사마리아 유대인들은 우상을 섬기는 이방인과 혼인한 혼혈족이었으므로 예루살렘의 유대인들은 사마리아인들이 신앙을 저버린 배교자라 하여 상종하지도 않던 때였다.

이 여인은 아무도 물 길어 오지 않는 한낮의 뜨거운 때를 틈타 혼자 우물가에 왔다. 예수께서는 이 여인에게 "네가 만일 하나님의 선물과 네게 물 좀 달라 하는 이가 누구인 줄 알았다면 나에게 생수를 구하였을 것이고 그러면 내가 네게 주었을 것이다."라고 하셨다. 그러나 그 여인은 "물을 풀 그릇도 없고 우물도 깊다."라며 말도 안 되는 핑계를 대고는 물을 퍼 주지 않았다.

예수께서는 이 여인에게 "이 우물물을 먹는 자마다 다시 목마르게 되지만 내가 주는 물을 먹는 자는 영원히 목마르지 않은데 내가 주는 물은 그 속에서 영생하도록 솟아나는 샘물이 되기 때문이다."라고 하셨다. 그 여인은 "그런 물이 있으면 내게도 주어서 영원히 목마르지도 않고 또 이 우물에 물 길러오지도 않게 해 달라."라며 빈정대듯이 말했다.

그러자 예수께서는 여인에게 너만 혼자 마실 것이 아니라 "가서 네 남편도 불러와 같이 마셔라."라고 하셨는데 그 여인은 "나는 남편이 없다."라고 했다. 예수께서는 "네가 남편 다섯이 있었으나 지금 있는 자도 네 남편이 아니니 네 말이 맞다."라고 하셨다.

이 여인이 이스라엘의 결혼 풍습대로 계대 결혼에 의해 여섯 번째 시동생과 살게 된 것인지 아니면 과거에 다섯 번 남자와 헤어지고 이제 여섯 번째 남자와 동거하고 있는 중인지 분명하지 않다. 그러나 지금 여섯 번째 살고 있는 그 남자도 정식으로 혼인한 남편이 아닌 것으로 미루어 보아 이는 그녀가 지금까지 정상적인 가정을 이루지 못하고 목마른 인생을 살아왔음을 말해 주고 있다.

예수님은 목마른 삶에 지쳐 있는 이 여인에게 한 번 마시면 영원히 목마르지 않은 영생하도록 솟아나는 샘물과 같은 성령을 소개하고 있는 것이다.

예수께서 이 여인의 살아온 과거를 이야기하자 예수님이 선지자인 줄 알게 된 사마리아 여인은 "우리 조상들은 이 산에서 예배를 드렸는데 당신들은 예배할 곳이 예루살렘에 있다고 하는데 어느 것이 옳은 것이냐?"라고 하며 마음 문을 열고 신앙 상담을 하였다.

예수님은 이 여인에게 "만일 누구든지 성령으로가 아니면 하나님께 참 예배를 드릴 수 없다."라고 하시면서 하나님이 기뻐하시는 참 예배를 드릴 수 있는 유일한 길은 "내가 주는 영생하도록 솟아나는 샘물과 같은 성령을 받아야 한다."라고 하시자 (요4:22~23), 그 여인은 "메시아 곧 그리스도라 하는 이가 오실 줄을 내가 믿고 있으니 그가 오시면 모든 것을 우리에게 알게 하실 것이다."라고 했다.

예수께서는 그 여인에게 "네게 말하는 내가 그다."라고 하셨다. 예수를 만난 이 여인은 물동이를 버려둔 채 즉시 마을로 들어가서 "나의 행한 모든 일을 내게 말한 사람을 와 보라 이는 그리스도가 아니냐?"라고 하자 마을 사람들이 예수에게로 나와서 복음을 듣고 믿었다.

오늘날 많은 사람이 돌이나 철 또는 나무로 조각하고 색칠해서 만들어 세운 우상에게 자신의 마음에 소원과 목적을 이루어 달라고 한다. 또한, 알지도 못하는 신에게 절하며 쓸데없고 헛된 예배를 드리고 있다. 우상은 피조물인 인간이 자신을 위해 만든 세상 피조물들의 형상이다.

그러나 하나님께 대한 참 예배는 자신의 목적을 이루기 위해 사람이 만든 우상을 섬기는 것이 아니라 하나님이 기뻐하시고 선하시고 온전한 뜻이 무엇인지 분별하며 말씀을 지켜 행함으로써 하나님께 산 제사를 드리는 것이다. 이는 성령께서 인도해 주셔야만 가능하다.

누구든지 성령을 통해서가 아니면 하나님께서 원하시는 신령과 진리로 참 예배를 드릴 수가 없으므로 예수께서 주시는 또 다른 보혜사이신 성령 그분을 받아야(모시어 드림) 한다.

예수께서 주시는 "영생하도록 솟아나는 샘물"과 같은 성령 그분
은 사마리아 여인처럼 목마른 인생에게 참 행복을 주시며 하나님
께 신령과 진리의 참 예배자가 되도록 인도하시는 분이시다.

주께서 주시는 물을 먹으면 그 먹은 자의 배 속에서 샘물은 영
생하도록 솟아나고 주께서 주시는 성령을 받으면 영원한 참 기쁨
을 누리게 된다. 주께서 주시는 이 성령은 반복해서 받는 것이 아
니고 한 번 받으면 주님 다시 오시는 그 날까지 영원히 구원 얻은
자 속에 함께 계시는 것이다. 이는 나아가 우리를 참 기쁨으로 인
도하신다.

▢ 굳은 마음을 제하고 부드러운 마음을 주시는 영생하도록 솟아나는 샘물

[겔36:25] 맑은 물로 너희에게 뿌려서 너희로 정결케 하되 곧 너희 모든
더러운 것에서와 모든 우상을 섬김에서 너희를 정결케 할 것이며 [26] 또
새 영을 너희 속에 두고 새 마음을 너희에게 주되 너희 육신에서 굳은 마
음을 제하고 부드러운 마음을 줄 것이며 [27] 또 내 신을 너희 속에 두어
너희로 내 율례를 행하게 하리니 너희가 내 규례를 지켜 행할지라 [28]
내가 너희 열조에게 준 땅에 너희가 거하여 내 백성이 되고 나는 너희 하
나님이 되리라

하나님께서는 선지자 에스겔을 통하여 자기 백성 이스라엘의 "모
든 더러운 것과 모든 우상을 섬김에서 정결하게 하기 위해 맑은 물

을 뿌릴 것이다."라고 하셨다. 이는 죄악 속에 살면서 우상을 섬기는 그들 마음속에 새 영, 즉 성령을 주시고 그 성령의 인도하심으로 그들의 마음을 새롭게 해서 육신에 있는 굳은 마음(옛사람)을 제하여 버리고 대신 부드러운 마음(거듭난 새사람)을 줄 것이라는 의미이다.

그뿐 아니라 그들 속에 있는 새 영은 그들로 하여금 하나님의 말씀을 지켜 행하게 함으로써 그들이 하나님의 자녀인 것과 또 하나님이 그들의 아버지인 것을 확인시켜 주시겠다고 하셨다.

하나님께서 맑은 물을 뿌려서 더러운 것을 정결케 하심은 그리스도 예수의 십자가의 보혈로 죄를 정결하게 씻으시어 사하심이다. 이는 마음의 죄를 회개하고 예수 그리스도의 이름으로 세례를 받고 죄 사함을 얻음으로써 성령을 받아 새 생명으로 다시 나게 하심이다.

사람은 자신의 죄를 스스로 해결하거나 책임질 수 있는 존재가 아니므로 하나님께서 선물로 주신 성령으로 다시 나야 죄의 마음을 버리고 믿음으로 살 수 있다. 인간의 죄는 주께서만 해결하실 수 있기 때문이다.

구원 얻은 자 속에 계신 성령께서 그에게 새 마음을 주신다는 것은 예수와 합하여 세례받는 것인데 이로 인하여 새 생명을 받음으로써 새 마음으로 변화된 그는 주님의 말씀을 지켜 행하고 새 생명 가운데 행하게 된다.

모든 더러운 것을 맑은 물로 정결하게 씻어 내듯 구원 얻은 자 속에 새 영을 두심은 인간의 마음속에 쌓여 있는 더러운 죄들을 정결하게 씻기 위함이다. 인간의 마음속에 있는 그 더러운 죄는 하나님의 새 영으로만 씻을 수 있기 때문이다.

사람이 만일 죄 사함을 얻고 구원을 얻었다면 하나님께서 그 마음 안에 그리스도 예수의 마음을 두신 것이며 이로 인해 그는 자기 마음대로 사는 것이 아니라 예수의 마음으로 살아가도록 인도받는다.

그의 마음 안에서 이 일을 행하도록 인도하시는 이는 성령인데, 이는 그 마음에 예수 이름으로 오신 성령께서 새 주인이 되셨기 때문이다.

흘러 나는 생수의 강

[요7:37] 명절 끝날 곧 큰 날에 예수께서 서서 외쳐 가라사대 누구든지 목마르거든 내게로 와서 마시라 [38] 나를 믿는 자는 성경에 이름과 같이 그 배에서 생수의 강이 흘러 나리라 하시니 [39] 이는 그를 믿는 자의 받을 성령을 가리켜 말씀하신 것이라 (예수께서 아직 영광을 받지 못하신 고로 성령이 아직 저희에게 계시지 아니하시더라)

위 본문에서 예수님은 유월절 명절이 끝나는 마지막 날 "누구든지 목마르거든 내게로 와서 마시라."라고 외치셨는데 이는 목마른 자가 예수님이 주시는 물을 마시면 그 마신 자의 배에서 생수의 강이 흘러 날 것이라 하셨다.

이는 예수께서 주시는 성령을 받으면 그에게서 생명수가 강물처럼 흘러 나듯 성령의 은혜와 권능이 강물같이 흘러 나서 가난한 자에게 아름답고 복된 소식을 전하게 될 것임을 말씀하신 것이다.

인생에 목마른 자가 예수께서 주시는 흘러 나는 생수의 강과 같은 성령을 받으면 예수 증인이 되는 권능을 받는다. 이는 메마른 땅을 적시어 죽은 생명을 살아나게 하는 강물처럼 죽어 가는 영혼을 살리는 능력이 된다.

마른 뼈들이 묻힌 사망의 음침한 골짜기에 생수의 강이 흐르면 그 골짜기는 생명의 강으로 변하고 물고기가 헤엄을 친다. 이처럼 두려움에 사로잡혀 죽은 것과 같은 자는 삶에 새로운 의욕과 용기가 샘솟게 된다.

가물어 메마른 황무지에 생수의 강물이 흐르면 타들어 가던 초목이 다시 소생하게 되는 것처럼 예수님이 주시는 성령을 받으면 좌절과 절망 속에서 한숨 쉬며 탄식하던 목마른 인생들은 새로운 소망과 활력을 얻는다. 이는 주 예수 그리스도를 믿는 자가 받을 성령에 대하여 주께서 말씀하신 것이다.

첫째, 흘러 나는 생수의 강은 가난한 자에게 아름다운 소식을 전하시기 위한 하나님의 기름 부으심이다.

[눅4:18] 주의 성령이 내게 임하셨으니 이는 가난한 자에게 복음을 전하게 하시려고 내게 기름을 부으시고 나를 보내사 포로 된 자에게 자유를, 눈먼 자에게 다시 보게 함을 전파하며 눌린 자를 자유케 하고 [19] 주의 은혜의 해를 전파하게 하려 하심이라 하였더라(사61:1~3)

하나님께서는 구원 얻은 자에게 기름(권능)을 부으시고 가난한 자에게 아름다운 소식을 전하게 하셨다. 가난한 자가 어떤 사람이기에 하나님께서 이렇게까지 하시는 것일까?

구약의 유대 사회에서는 성전 제사에 참예하는 것을 가장 큰 자랑이자 가문의 영광으로 생각했다. 왜냐하면 당시의 유대 사회에서는 성전을 출입할 수 없는 사람들을 인간 취급도 하지 않았으며 멸시하고 천대했기 때문이다.

그래서 유대인들은 이방인과 혼인을 해서 혼혈족이 된 북쪽 사마리아인들이 우상과 혼합된 신앙을 가졌다고 해서 개 같은 족속이라고 상종하거나 사람 취급도 하지 않았다.

구약 성경에서 말하는 "가난한 자들"은 경제적 빈곤층을 지칭하는 것이 아니라 여러 가지 신체적, 신분적 결격 사유 때문에 성전에 나가고 싶어도 나갈 수 없는 소외된 사회적 약자들이다.

하나님께서 기름(은사)을 부어 주심은 수고하고 무거운 짐을 진 불쌍하고 가난한 사람들에게 하나님의 아름답고 기쁜 소식(구원의 복음)을 전하게 하려 하심이다.

하나님께서 기름을 부으심은 억울하고 원통한 일을 당하고 있는 불쌍한 이들의 소원을 다 풀어 주며 슬피 우는 모든 사람을 하나님께서 위로해 주는 시대가 되었다고 선포하시는 것이다.

하나님의 구원 복음이 불쌍한 이들에게 전해지면 그들은 모든 슬픔을 위로받을 것이다. 그뿐만 아니라 베옷을 입고 머리에 흙먼지를 뒤집어쓰고 슬피 울던 자는 머리에 화관을 쓰고 희락의 기쁨으로 그 슬픔을 대신하게 되며, 찬송으로 근심을 대신하게 되고, 하나님께 의롭다 하심을 입고 하나님 영광을 드높게 할 것이다.

사람이 하나님께 기름 부음(성령으로 세례)을 받으면 권능을 받고 땅끝까지 이르러 예수 증인이 된다. 이는 대신 죽은 예수의 구원이라는 복된 아름다운 소식을 전하는 사역으로 영원히 불타는 지옥에서 멸망의 심판을 받지 않고 영원한 생명의 나라로 옮기는 복된 소식을 전하는 것을 말씀하심이다.

오늘날 우리가 살고 있는 이 시대의 가난한 자는 스스로 해결할 수 없는 죄로 인해 고민하는 사람들, 마음의 상처와 육체의 질병으로 고통하고 신음하는 사람들, 잘못된 습관에 중독되어 헤어나지 못하는 사람들, 굴곡된 지식과 사상의 노예가 된 사람들, 신분과 환경과 법과 제도의 모순에 의해 억압받고 멸시와 천대를 받는 사회적 약자 등 인생에 무거운 짐을 지고 허덕이는, 삶에 지친 사람들이다.

성령께서 기름을 부어 주심은 이들에게 하나님 구원의 복된 아름다운 소식을 전하게 하려는 것이다.

둘째, 흘러 나는 생수의 강은 마음이 상한 자를 고치게 하시는 하나님의 능력이다.

마음이 상한 자는 어떤 사람들일까? 이는 사회적 약자로서 부유하고 강한 자들에 의해 고통을 받는 이들이다. 이들은 사회적 강자들의 법과 제도와 권력에 횡포를 당하고 멸시·천대를 받으며 삶에 상처를 입고 상한 갈대와 꺼져 가는 등불처럼 연약해진 상태로 슬픔과 고통으로 괴로워하는 자들이다.

사람은 공평하지 않은 불의한 판단으로 마음이 상하며, 자신의 연약함 때문에 무시당할 때 수치심을 느끼게 된다. 또한 강한 자에게 당당하게 맞서지 못하고 비굴해질 때 자신의 무능함에 마음이

상하고, 남과 비교하여 현저하게 열등한 상황을 극복하지 못할 때 현실의 높은 벽 앞에 좌절하고 절망한다. 그뿐 아니라 인간의 끝도 없는 허망한 욕심은 자신을 별 볼 일 없는 연약한 존재로 바라보게 하며 낙심에 빠져 마음 상하게 한다.

하나님의 성령은 세상의 여러 가지 불공평한 제도와 불법한 일들 그리고 욕망을 채우지 못하는 허전함으로 인하여 마음이 상한 채 "상한 갈대와 꺼져 가는 등불"처럼 연약해진 심령에 용기를 주고 위로해서 그들의 삶에 새로운 활력과 소망을 불어넣어 준다.

주 하나님의 성령이 구원 얻은 자에게 임하시어 기름을 부으심은 하나님이 주시는 권능으로 마음이 상한 자를 위로하고 고치게 하려 하심이다. 이는 치료자이신 하나님께서 구원 얻은 자에게 기름을 부으시고 상처 난 몸과 마음으로 고통당하는 영혼을 치료하는 능력을 주셨기 때문이다(사42:3~6).

셋째, 생수의 강은 포로 된 자와 갇힌 자에게 자유와 놓임을 받게 하시는 하나님의 능력이다.

포로 된 자는 약자라는 설움 때문에 강한 자에게 얽매여 자유를 잃어버리고 억울하게 종노릇하며 혹사당하느라 자신의 삶을 빼앗겨버린 자이다. 이들은 강한 자의 지배를 받으며 그들의 악한 욕망을 이루는 도구로 전락하여 소망 없이 살아갈 뿐이다. 이들은 억압자의 손아귀를 벗어나고자 하나 사슬을 끊을 힘조차 없다.

또한, 갇힌 자는 행동에 제한을 받고 출입이 자유롭지 못할 뿐아니라 움직임에 제한이 있는 자다. 갇힌 자는 하나님의 자녀로 살아가야 할 사람이지만 원수 마귀로 인해 억울한 누명을 쓰고 죄인이 되어 사망의 음침한 감옥에 구금되어 있는 것이다. 그러므로 누군가가 밖에서 도와주지 않는다면 스스로 아무것도 할 수 없다.

죄에 종이 되어 놓임을 받지 못하고 자유를 잃은 자나 중독, 질병으로 인하여 타인의 도움을 받지 않고는 매인 곳에서 벗어날 수 없는 고통에서 억압당하고 있는 자들은 다 같이 포로 된 자이고 갇힌 자이다. 하나님께서 기름 부으심, 즉 성령 세례를 통하여 권능을 주심은 이들에게 자유를 누리게 하고 놓임을 받게 하기 위함이다.

'사42:1~8'에서는 하나님 마음에 기뻐하는 하나님이 택한 하나님의 종(예수 그리스도)에게 하나님께서 성령을 주시고 그가 이방에게 하나님의 공의를 베풀게 할 것이라고 하셨다.

기름 부음을 받은 자(예수 그리스도)는 자신의 영광을 구하지 않고 가련하고 연약한 인생들에게 하나님의 마음으로 공의를 베풀 것이며 "소경의 눈을 밝히며 갇힌 자를 옥에서 이끌어 내며 흑암에 처한 자를 간에서 나오게 할 것이라."라고 하셨다.

하나님께 기름 부음 받은 자는 슬픔의 고통에서 신음하는 자들을 위로하는 것으로 끝내지 않고 그들의 슬픈 삶을 회복시켜 희락의 기쁨을 주어 여호와 하나님께 찬송과 영광을 돌리게 할 것이라 하셨다. 성령께서 기름 부으시고 권능을 주신 것은 포로 된 자와 갇힌 자에게 자유와 놓임을 받게 해서 하나님께 영광을 돌리게 하려는 것이다.

목마른 자에게 생명수와 같은 성령

예수께서는 믿는 자가 받을 성령을 물로 비유하시면서 두 가지 형태로 말씀하셨는데 먼저는 "영생하도록 솟아나는 샘물"이라 하셨고 또 다른 하나는 "흘러 나는 생수의 강"이라고 말씀하셨다. 그 내용을 [표 3-1]에 정리해 보았다.

[표 3-1] 솟아나는 샘물과 흘러 나는 생수의 강의 비교

솟아나는 샘물	관계 성경	흘러 나는 생수의 강
주셔서 먹는 물 (은혜의 선물)	요4:13~14, 7:37~39	가서 마시는 물 (구하는 자에게 주심)
인침과 보증 (구원)	고후1:21, 행1:8	권능 받음(증인)
속에 계심(내주)	요14:17	함께 거하심(외주)
회개의 열매	마3:7~12, 고전7:11	섬김과 봉사(은사)

첫째, 성령은 영생하도록 솟아나는 샘물이다.

이 물은 먹은 자의 속에서 계속 영생하도록 솟아나는 샘물과 같다. 한 번 먹으면 영원히 목마르지 않는 성령이다. 이 물은 목마른 자가 주(샘)께로 가면 주께서 주시는 물(아버지의 약속으로 주시는 물)인데, 이는 하나님께서 죄 사함을 얻고 구원 얻은 자에게 선물(은혜의 선물)로 주어 우리 안에 내주하시는 성령 그분이다.

주께서 주시는 영생하도록 솟아나는 샘물과 같은 성령은 사람이 먹고 소화해 자신의 신앙 인격을 성장(열매)시키는 생명의 양식이다. 그러므로 구원 얻은 자는 누구든지 아버지의 약속하신 성령을 선물로 받으면 영생하도록 솟아나는 샘물과 같이 영원히 성령과 함께하면서 회개에 합당한 열매를 맺는다.

둘째, 성령은 흘러 나는 생수의 강이다.

이 물은 마신 자의 속에 머물러 있지 않고 강물처럼 흘러 나는 생명수와 같은 것이다. 또한, 목마른 또 다른 인생들에게 하나님의 복되고 아름다운 구원의 기쁜 소식을 전해서 영원히 목마르지 않게 하는 성령(성령 세례: 권능)이시다.

주께서 주시는 흘러 나는 생수의 강물과 같은 이 성령은 구원 얻은 자와 함께 거하시면서 그가 나가 복음을 전할 때 주께서 함께 역사하셔서 그 따르는 표적으로 말씀을 확실히 증거하도록 한다. 그렇게 하여 죽어 가는 영혼을 살리신다. 이 물은 믿는 자가 받을 성령이며 예수 증인에게 권능을 주시는 성령으로, 세례 주심이다.

앞에서 살펴본 바와 같이 목마른 사슴이 목숨의 위험을 무릅쓰고라도 시냇가에서 물을 마시고 갈증을 해소하는 것처럼 삶에 지친 목마른 인생은 주께서 주시는 성령을 받아야 삶에 평안과 쉼, 자유를 얻을 수 있다.

목마른 사슴에게 절대적으로 필요한 것이 갈증을 해소하는 시냇물인 것처럼 지친 인생에게 절대적으로 필요한 것은 예수께서 주시는 생명수와 같은 성령이다.

누구든 예수께서 주시는 이 성령을 받으면 지친 인생이 영원토록 솟아나는 샘물처럼 용솟음치게 된다. 또 흘러 나는 생수의 강물이 되어 수고하고 무거운 짐을 진 자들에게 영생의 기쁨과 즐거움을 전하게 된다.

🖋️ 생각해 보기

목마른 사슴에게 새 힘을 주는 생명의 물이 시냇가에 있는 것처럼 삶에 지친 인생들에게 쉼과 평안과 자유를 누리게 하는 생명의 물은 예수 안에 있다.

그러므로 슬픔과 고통에 지친 목마른 자들은 누구든지 예수께로 가서 그가 주시는 물을 마시면 기쁨과 활력이 샘물처럼 솟아나고, 이는 좌절과 절망 속에서 방황하는 또 다른 사람들에게도 새 힘을 줄 수 있다.

영생하도록 솟아나는 샘물은 하나님께서 구원 얻은 자에게 주시는 은혜의 선물이고 흘러 나는 생수의 강은 구원 얻으려는 자 또는 구원 얻은 자가 사모하며 믿음으로 구하면 주시는 선물이다(눅 11:9~13).

Q. 당신 인생은 목마른 사슴과 비교해 어떠하다고 생각하십니까?

Q. 당신은 "영생하도록 솟아나는 샘물"을 먹고 "흘러 나는 생수의 강"과 같은 생명 수를 마셨습니까?

제4장
성령을 받음과 밀접한 관계가 있는 진리들

"성령을 선물"로 받음은 성경의 다른 진리의 말씀들과 다양한 유기적 관계를 갖고 있음으로 이를 연구하는 것은 좌로나 우로나 치우치지 않는 신앙을 유지하는 데 유익함이 있다.

[표 4-1] 성령을 받음과 밀접한 관계가 있는 성경의 진리들

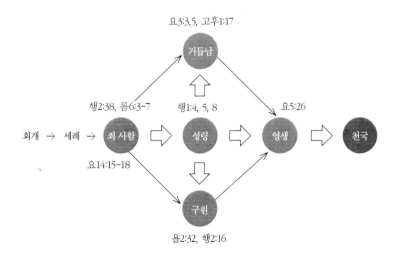

성령을 받음과 죄 사함의 관계

<hr />

[행2:38] 베드로가 가로되 너희가 회개하여 각각 예수 그리스도의 이름
으로 세례를 받고 죄 사함을 얻으라 그리하면 성령을 선물로 받으리니

성경 '롬3:23~24'에서는 인류의 "모든 사람이 죄를 범하였으므로
하나님의 영광(구원의 은혜)에 이르지 못했는데 예수 그리스도의 대
신 죽으시고 부활하심을 믿음으로 말미암아 죄 사함을 얻고 하나
님의 은혜로 값없이 의롭다 하심을 얻은 자(구원) 되었다."라고 하
셨다.

이는 하나님 아버지께서 그 아들 예수 그리스도를 인간의 범죄
함을 위하여 십자가에 내어주시고 "의롭다" 하시기 위해서 살아나
게 하셨기 때문이다(롬4:24~25). 사람이 구원을 얻는 것은 죄에서 구
원받는 것이며 죄 사함을 얻어 성령을 선물로 받는 것은 다른 기준
이나 공로, 조건이 필요한 것이 아니다.

사도 베드로는 '행2:36~38'에서 온 이스라엘 사람들에게 "이스라
엘의 구원자요 그리스도로 보내 주신 독생자 예수 그리스도를 십
자가에 못 박고서도 끝까지 회개하지 않고 하나님을 거역하는 그
시대의 사람들(유대인)을 본받지 말고 돌아서라."라고 외쳤다.

그리고 회개하고 예수 이름으로 세례를 받고 죄 사함을 얻으면
누구든지 아버지께서 하신 "이 약속"을 선물로 받는다고 증언했다.
그러므로 죄 사함을 얻으면 성령은 선물로 거저 받는다.

사람이 하나님께 죄 사함을 얻음으로써 성령을 선물로 받는 것
은 분명한 경험적 사실이다. 그러므로 만일 자신이 성령을 받았는

지 아닌지를 모른다면 그는 자기의 죄를 용서해 주셨다는 하나님의 말씀에 확신이 없는 것이다.

이는 또 하나님께서 죄를 사해 주시고 구원해 주셨다는 믿음도 없는 것이다. 왜냐하면 성령을 선물로 받는 것은 인간의 노력으로 취득되는 것이 아니라 죄 사함의 결과이며 전적으로 하나님의 죄 사하심에 대한 약속을 믿음으로 주시는 구원의 선물이기 때문이다.

성경에서는 성령을 선물로 받는 것에 많은 기도와 봉사, 신앙의 성숙, 십일조 등 어떤 공로가 있어야 한다고 말하고 있지 않다. 다만 '행2:38'에서는 "죄 사함"을 얻으면 된다고 말씀했다. 죄 사함을 얻으면 누구에게나 성령을 선물로 거저 주시는 것은 아버지의 약속이기 때문이다.

성령을 받음과 거듭남의 관계

[요3:5] 예수께서 대답하시되 진실로 진실로 네게 이르노니 사람이 물과 성령으로 나지 아니하면 하나님 나라에 들어갈 수 없느니라 [6] 육으로 난 것은 육이요 성령으로 난 것은 영이니 (…) [8] 바람이 임의로 불매 네가 그 소리를 들어도 어디서 오며 어디로 가는지 알지 못하나니 성령으로 난 사람은 다 이러하니라

[표 4-2] 물과 성령으로 거듭남의 관계

물로 거듭남	성경	성령으로	성경
예수 이름의 세례 (신앙의 결단)	롬6:4	죄 사함 (용서의 확신)	롬6:7

☐ 거듭남이란 무엇인가

유대관원 니고데모가 예수님께 찾아와 "사람이 거듭나려면 다시 모태에 들어가야 하느냐?"라고 묻자 예수께서는 "육으로 난 것은 육이요 성령으로 난 것은 영이다."라고 하시며 사람이 다시 태어나는 것은 육신으로 다시 나는 것이 아니고 "성령으로 나는 것"이라 하셨다.

바람은 임의로 불기 때문에 그 소리를 들어도 어디서 오며 어디로 가는지 알지 못한다. 이처럼 성령으로 난 사람도 이와 같이 그의 변화된 현상(삶에 모습)은 알 수 있지만 그 출처와 종착점이 어디인지 알 수 없다.

사람이 거듭(다시)나는 것은 육신으로 난 사람이 그 마음에 예수 그리스도를 구원자로 삼아 믿음으로 영원한 새 생명을 얻은 새 사람이 되는 것이다. 이를 위해 성령께서는 사람이 구원을 얻는 전 과정에 개입하시어 그가 구원의 복음을 깨닫고 믿게 하심으로써 그를 영적인 존재로 다시 태어나게 하신다.

사람이 거듭나는 것(하나님께 하나님의 영을 받는 것, 성령을 받는 것)은 사람의 의로운 행위나 공로로 되는 것이 아니고 순전히 하나님 아버지의 긍휼하심으로 인하여 육신으로 난 사람이 성령의 죄 씻음과 새롭게 하시는 능력으로 가능하게 된다. 성경은 거듭남(다시 태어남)에 대하여 다음과 같이 말씀하신다.

> [딛3:5] 우리를 구원하시되 우리의 행한 바 의로운 행위로 말미암지 아니하고 오직 그의 긍휼하심을 좇아 중생의 씻음과 성령의 새롭게 하심으로 하셨나니

첫째로는 물로 거듭나는 것(예수 이름의 세례: 신앙의 결단)이 있다.

> [벧전3:21] 물은 예수 그리스도의 부활하심으로 말미암아 이제 너희를 구원하는 표니 곧 세례라 육체의 더러운 것을 제하여 버림이 아니요 오직 선한 양심이 하나님을 향하여 찾아가는 것이라

하나님께서는 노아에게 방주를 만들게 하시고 당시의 백성들이 하나님 말씀에 순종해서 방주에 들어가 홍수 심판에서 구원받기를 원하셨다. 그러나 그들은 끝내 하나님을 거부하고 그 무서운 홍수 심판을 면하지 못하고 다 멸망했으며, 결국 물(홍수) 심판에서 구원받은 사람은 노아를 포함한 그 가족 여덟 식구뿐이었다.

오늘날 물로 세례(침례)를 받는 것은 단지 교회의 행사가 아니라 구원의 복음의 말씀을 믿고 회개하여 하나님께로 돌아와 중생의 죄 씻음을 받고 새 생명으로 살겠다는 신앙의 결단을 한 것이다. 이는 하나님과 교회와 사람들(세상) 앞에 공개적으로 자신의 신앙을 결단하고 증명해 보이는 구원의 외적 확증이다.

물로 거듭남은 예수 그리스도의 대신 죽으시고 부활하심으로 말미암아 회개한 자를 구원하시는 하나님의 약속을 믿고 예수 이름으로 세례를 받는 신앙의 결단이다. 육체에 묻은 더러운 때를 물로 씻어 정결하게 하듯이 물로 세례(구원의 세례)를 받는 것은 예수 그리스도의 십자가 보혈로 인간의 마음에 묻은 더러운 죄를 씻어 내는 것인데, 이는 하나님을 향하여 살겠다는 신앙의 결단이다.

"물은 구원의 표"라는 '벧전3:21'의 말씀은 사람이 물로 세례를 받았기 때문에 구원을 얻은 것이 아니라 구원을 얻었기 때문에 물로 세례를 받는 것을 말한다. 이는 믿음으로 살겠다는 신앙의 결단으로 예수 이름으로 세례받는 것이다(행8:36-에디오피아 내시).

[롬6:4] 그러므로 우리가 그의 죽으심과 합하여 세례를 받음으로 그와 함께 장사되었나니 이는 아버지의 영광으로 말미암아 그리스도를 죽은 자 가운데서 살리심과 같이 우리로 또한 새 생명 가운데서 행하게 하려 함이니라 (…) [7] 이는 죽은 자가 죄에서 벗어나 의롭다 하심을 얻었음이니라

앞에서 살펴본 바와 같이 물로 거듭나는 것은 육신으로 난 존재가 예수와 연합하여 십자가에 못 박히고 그와 함께 장사 된 후 정결하게 죄를 씻음받고 예수와 연합하여 새 생명을 가진 새사람으로 다시 태어나 대신 죽은 예수 그리스도를 위해 살겠다는 신앙의 결단을 한 것이다(갈2:19~20, 고후5:15).

둘째로는 성령으로 거듭나는 것(죄 사함=성령의 선물)**이 있다.**

[행2:38] 베드로가 가로되 너희가 회개하여 각각 예수 그리스도의 이름으로 세례를 받고 죄 사함을 얻으라 그리하면 성령을 선물로 받으리니 [39] 이 약속은 너희와 너희 자녀와 모든 먼 데 사람 곧 주 우리 하나님이 얼마든지 부르시는 자들에게 하신 것이라 하고 [40] 또 여러 말로 확증하며 권하여 가로되 너희가 이 패역한 세대에서 구원을 받으라 하니

사람이 성령으로 거듭나는 것(다시 태어남)은 하나님께서 죄인을 "의롭다" 선언하신 법적인 선언이므로 번복될 수 없는 단회적인 사건이다. 하나님께서는 이 사실을 확인하시기 위해 죄 사함을 얻고 구원을 얻은 자에게 그 증거로 성령을 선물로 주신다.

하나님께서 그리스도 예수를 죽은 자 가운데서 살리신 것과 같이 죄 사함을 얻고 구원 얻은 자에게도 예수 그리스도에게 주신 영원한 생명과 동일한 새 생명을 주셨다(롬6::4).

사람이 성령으로 거듭났다는 것은 죄 사함을 얻음으로써 하나님으로부터 영원한 새 생명인 성령을 선물로 받은 것이다. 이는 인간의 편이나 하나님의 편에서 일방적·단독적으로 진행되는 사건이 아니다. 하나님께서 인간에게 하나님의 죄 사하심에 대한 약속의 말씀을 믿게 하시는 믿음을 주시고 인간은 이에 반응하여 하나님께서 약속하신 대로 죄를 사해 주셨음을 믿음으로써 가능해진다.

그러므로 사람이 성령으로 다시 태어나는 것(인간의 영)은 회개하여 예수 이름으로 세례받은 믿음의 결단을 하나님께서 인정해 주셨다는 것을 믿는 것이다.

다시 말하면 **하나님께서 죄를 용서해 주시고 그 증거로 성령을 선물(새 생명)로 주셨음을 믿는 것이 성령으로 거듭남이다.**

□ 거듭난 결과는 무엇인가

[표 4-3] 거듭나기 전과 후의 비교

거듭나기 전	관련 성경	거듭난 후	성경
옛사람	엡4:22	새사람	롬6:7
이전 것	고후5:15	새로운 피조물	고후5:17
세상을 향해	롬8:7	하나님을 향해	갈2:19~20

하나님께서는 사람이 거듭나는 과정을 통하여 하나님의 영원한 생명인 성령을 주시므로 거듭난 자는 부모의 혈육으로부터 받은 육신을 위한 삶(세상 가치관)을 버리고 성령의 인도하심에 순종해서 하나님께 받은 새 생명(영혼을 위한 가치관) 가운데 살아가게 하신다. 이에 대한 몇 가지를 결과를 살펴보자.

첫째, 거듭나면 옛사람이 변하여 새사람(엡4:17~24)이 된다.

사람의 생각은 그 사람의 마음속을 분주하게 들고 나며 어느 시점에 이르면 그의 마음 한구석에 터를 닦고 자리를 잡는다. 마음속에서 자리를 잡은 생각은 드디어 생각한 대로 권리를 주장하며 힘을 과시하고 행사(행동)한다. 결국 인간의 마음은 그 생각에 영향을 받아 그 생각한 대로 계획하고 말하고 행동하게 된다.

'롬8:5~9'에서는 사람의 육신이 어떻게 생각에 게 이끌려 가며 그 결과는 무엇인지 잘 설명해 주고 있다.

옛사람(자기가 자기 주인)은 "육신의 생각을 쫓는 사람으로 그 길은 사망이며 하나님과 원수가 되어 성령께 순종하지 않을 뿐 아니라 순종할 수도 없으므로 하나님을 기쁘시게 할 수 없다. 그러므로 그는 그리스도의 사람이 아니다(롬8:5~11)."라고 말한다.

그래서 옛사람은 마음에 허망한 것을 품고 감각 없는 자가 되어 그 허망한 마음에 있는 생각을 쫓아 방탕하여 모든 더러운 욕심으로 행한다. 이는 그 마음에 더러운 생각을 품고 있기 때문이다.

이에 반해 새사람(성령이 주인)은 썩어 없어질 옛사람의 유혹과 욕심에 따라 살지 않고 성령께서 인도하시는 진리의 말씀에 따라 새롭게 되어 새사람으로 살아간다. 새사람은 거짓을 버리고 언제나 참된 것을 생각하고 말하며 분을 내도 해를 가지도록 품지 않으며 마귀가 틈타지 못하도록 항상 경계한다.

새사람은 죄에서 벗어나 하나님께 "의롭다" 하심을 얻은 사람이다. 하나님 아버지께서 자기에게 있는 영원한 생명을 그 아들 그리스도 예수에게 주신 것처럼 의롭다 하신 자에게도 동일한 생명을 주셨다. 사망은 다시 그(새사람)를 주장하지 못할 뿐 아니라 끌고 다니지 못한다. 이를 알기에 그는 새 생명 가운데 행하기를 힘쓴다.

옛사람은 육체의 욕심에 따라 사는 사람이고 새사람은 죄에 대해서는 죽고 하나님에 대해서는 산 자로 새 생명으로 살아가는 사람이다.

둘째, 거듭난 결과 이전 것은 지나가고 새로운 피조물이 된다.

[고후5:15] 저가 모든 사람을 대신하여 죽으심은 산 자들로 하여금 다시

는 저희 자신을 위하여 살지 않고 오직 저희를 대신하여 죽었다가 다시 사신 자를 위하여 살게 하려 함이니라 (…) [17] 그런즉 누구든지 그리스도 안에 있으면 새로운 피조물이라 이전 것은 지나갔으니 보라 새것이 되었도다 [18] 모든 것이 하나님께로 났나니 저가 그리스도로 말미암아 우리를 자기와 화목하게 하시고 또 우리에게 화목하게 하는 직책을 주셨으니 [19] 이는 하나님께서 그리스도 안에 계시사 세상을 자기와 화목하게 하시며 저희의 죄를 저희에게 돌리지 아니하시고 화목하게 하는 말씀을 우리에게 부탁하셨느니라

인간은 혈통으로나 육정으로나 사람의 뜻으로 난 존재들이므로 모든 사람은 본성적으로 육신을 좇아 혈기를 부리며 살아간다. 그래서 어둠을 비추는 참된 빛이 세상에 와서 각 사람을 비추어도 어두운 세상은 자기들이 가야 할 길을 비추는 그 빛의 존재를 깨닫지 못한다.

이 참 빛에 대하여 '요1:1~13'에서는 "태초부터 하나님과 함께 계셨던 말씀이신 하나님께서 세상 모든 것을 지으셨고 그가 자기 땅 자기 백성에게 왔지만 자기 백성이 영접하지 않았다."라고 말씀하셨다.

그러나 그를 영접하여 그 이름을 믿는 자들에게는 하나님의 자녀가 되는 권세를 주셨는데, 이것은 혈통으로나 육정으로나 사람의 뜻으로 나지 않고 오직 하나님으로부터 난 것이라고 했다.

'고전5:13' 이하에서는 혈통으로나 육정으로나 사람의 뜻으로 나지 않고 오직 하나님으로부터 난 사람을 "새로운 피조물"이라고 하면서 "이전 것은 지나갔으니 보라 새것이 되었도다."라고 선언했다.

그리스도 예수 안에서 새로운 피조물로 거듭난 자가 이전 것을 버리고 새것이 되었다는 것은 지금까지 육체의 정욕에 따라 살았지만 이제부터는 육체를 위한 세상 가치관을 버리고 대신 죽은 그리스도 예수를 위해 살겠다는 결심을 했다는 뜻이다.

사람이 대신 죽은 그리스도 예수를 위해 산다는 것은 어떤 위대한 일을 하는 것이 아니다. 단순하게 지금까지의 가치관을 버리고 이제는 새로운 삶의 가치관을 예수께 두고 자신이 믿는 예수를 전하며 사는 것이다.

사람이 그리스도 예수를 믿음으로써 새로운 피조물이 되었다는 것은 대신 죽으신 그리스도 예수를 위해 살겠다는 신앙의 결단을 한 것이며 이로 인하여 하나님으로부터 화목하게 하는 직책을 받은 것이기 때문이다.

셋째, 거듭난 결과로 세상을 향한 삶은 하나님을 향한 삶으로 바뀐다.

[갈2:19] 내가 율법으로 말미암아 율법을 향하여 죽었나니 이는 하나님을 향하여 살려 함이라 [20] 내가 그리스도와 함께 십자가에 못 박혔나니 그런즉 이제는 내가 산 것이 아니요 오직 내 안에 그리스도께서 사신 것이라 이제 내가 육체 가운데 사는 것은 나를 사랑하사 나를 위하여 자기 몸을 버리신 하나님의 아들을 믿는 믿음 안에서 사는 것이라

누구든지 예수 이름으로 세례를 받았다면 이제 그는 죄를 버리고 하나님께 의롭다 하심을 얻은 자가 된 것이다. 그래서 자신의 인격과 능력, 노력으로 율법과 도덕을 지키려고 하지 않고 성령을

좇으므로 율법을 이루게 된다.

사도 바울은 율법을 철저하게 추종하는 유대인 중에도 바리새파 사람이며 율법의 지도자이다. 그는 예수 믿는 자들을 색출하기 위해 예루살렘에서 다메섹으로 출장 가는 도상에서 부활하신 예수님을 만났다. 주님을 만난 그는 유대 율법을 버리고 자기가 만난 예수를 전하는 데 그의 일생을 바쳤다. 그러자 그를 아는 유대인들이 그를 붙잡아 죽이려고 혈안이 되어 찾아다녔다.

이와 같이 하나님을 향한 삶은 육신대로 살던 옛사람의 습관을 버리고 이제는 거듭난 새사람으로 사는 것이다. 성령께서는 거듭난 새사람으로 하여금 하나님 뜻대로 살도록 인도하시기 때문이다.

사람이 거듭나기 전까지는 자기가 자기 인생의 주인이지만 영으로 다시 태어난 후로는 이제 예수를 인생에 새로운 주인으로 모셔 들인 것이므로 예수 이름으로 오신 성령의 인도하심에 순종한다.

사람이 거듭나기 전에는 몸도 마음도 자기 자신이 주관했지만 거듭난 후로는 그 안에 예수 이름으로 오신 성령께서 그 사람의 마음과 영을 이끌어 가신다. 그래서 사람이 거듭났을지라도 육체는 이전과 동일하지만 그 사람(육체)의 주인은 예수로 바뀌었다. 그러므로 거듭난 사람의 육신은 새 주인을 모시고 새사람으로 살아가게 되는 것이다.

거듭나기 전 자신만을 위해 세상을 향해 달려가던 전 주인은 자리를 빼앗기고 쫓겨났으므로 이제는 그리스도 예수를 위해 하나님을 향해 달려가려는 새사람이 주인이 된 것이다. 인생의 주인이 바뀌었으므로 그 사람의 삶의 방향과 목표가 달라진 것은 너무도 당연한 일이다.

구원 얻은 자는 율법과 도덕으로 거룩하고 고상하며 성결하게 되려고 애써야 하는 것이 아니다. 죄악에 연약한 육체를 가지고 오직 하나님의 선하신 양심, 즉 진리의 말씀에 따라 믿음으로 살기를 힘써야 한다. 이것은 성령의 인도하심에 순종함으로써 가능하다.

'물로 거듭남'은 사람이 회개하고 대신 죽은 예수를 위해 살겠다는 신앙의 결단(예수 이름의 세례)을 한 것이며 '성령으로 거듭남'은 하나님께서 죄를 사해 주셨다는 하나님의 용서하심에 대한 믿음으로 성령을 받는 것이다.

성령을 받음과 구원의 관계

[행2:38] 베드로가 가로되 너희가 회개하여 각각 예수 그리스도의 이름으로 세례를 받고 죄 사함을 얻으라 그리하면 성령을 선물로 받으리니 [39] 이 약속은 너희와 너희 자녀와 모든 먼 데 사람 곧 주 우리 하나님이 얼마든지 부르시는 자들에게 하신 것이라 하고 [40] 또 여러 말로 확증하며 권하여 가로되 너희가 이 패역한 세대에서 구원을 받으라 하니

성령은 죄 사함을 얻으면 선물로 거저 받는 것이다. 이는 하나님 아버지께서 약속하신 대로 구원 얻은 자에게 주시는 선물이다. 그러므로 성령(선물)을 받으려고 교회 활동이나 신앙 행위 또는 신앙 성숙을 위해 애쓰고 힘써야 되는 것이 아니라 "죄 사함을 얻으면 성령을 선물로 받는다."라는 아버지의 이 약속의 말씀을 믿고 죄 사함을 얻으면 된다.

하나님께서는 이 일(죄 사함)을 위하여 그 아들 예수 그리스도를

화목 제물로 내어주시고 또한 죄인을 용서하시고 의롭다 하시기 위하여 그를 죽은 자 가운데서 다시 살아나게 하셨는데, '요16:9'에서는 이것을 "믿지 않음이 죄"라고 했다(행2:36).

사람이 구원을 얻는 것은 이 죄에서 사함을 얻은 것이므로 죄 사함을 얻지 않고는 구원을 얻을 수 없다. 그러니 죄 사함을 얻었다는 것은 곧 구원을 얻은 것이고, 이로 인하여 성령은 선물로 거저 받는다.

□ **구원의 전 과정에 개입하시는 성령**

[고전2:9] 기록된바 하나님이 자기를 사랑하는 자들을 위하여 예비하신 모든 것은 눈으로 보지 못하고 귀로도 듣지 못하고 사람의 마음으로도 생각지 못하였다 함과 같으니라 [10] 오직 하나님이 성령으로 이것을 우리에게 보이셨으니 성령은 모든 것 곧 하나님의 깊은 것이라도 통달하시느니라 [11] 사람의 사정을 사람의 속에 있는 영 외에는 누가 알리요 이와 같이 하나님의 사정도 하나님의 영 외에는 아무도 알지 못하느니라 [12] 우리가 세상의 영을 받지 아니하고 오직 하나님께로 온 영을 받았으니 이는 우리로 하여금 하나님께서 우리에게 은혜로 주신 것들을 알게 하려 하심이라

태아는 세상에 나오기 전 어머니로부터 탯줄을 통하여 생명을 유지하기 위한 영양분을 공급받는데 이는 태아 스스로의 능력으로 되는 것이 아니고 순전히 탯줄을 통하여 어머니로부터 공급받는 것

이다. 태아는 대체로 열 달이면 세상으로 나오지만 교회를 나오는 사람들이 구원을 얻을 때까지의 기간은 사람마다 천태만상이다.

하나님께서 사람을 구원하심도 이와 같이 인간 스스로의 결단으로 되는 것이 아니다. 구원의 말씀인 복음이 죄인을 회개하게 하고 성령을 통해 예수 이름으로 세례받게 해서 죄 사함 얻고 구원 얻도록 개입하시고 역사하신다.

하나님께서 자기를 사랑하는 자들을 위하여 예비하신 구원의 모든 계획과 섭리는 사람의 눈으로는 보지 못하고 귀로도 듣지 못하고 마음으로도 생각할 수 없다. 오직 하나님이 성령을 통해서만 알 수 있게 하셨기 때문이다.

성령은 하나님의 모든 것, 곧 하나님의 깊은 것에 통달하셨다. 사람의 사정을 사람의 속에 있는 영 외에는 알 수 없는 것과 같이 하나님의 사정도 하나님의 영 외에는 아무도 알지 못한다. 그렇기에 하나님으로부터 오신 성령께서 구원 얻을 자로 하여금 하나님께서 그에게 은혜로 주신 구원의 비밀을 듣고 보고 깨닫게 해서 구원을 얻도록 하신다.

또 다른 보혜사이신 성령께서는 이와 같이 사람이 복음을 듣는 순간부터 믿고 구원을 얻는 순간, 그리고 다시 오실 주님을 만나는 그 순간까지 영원토록 함께하시는데 이는 믿는 자 누구에게나 하신 아버지의 약속이다.

인간이 구원을 얻는 과정은 물론 구원 이후의 모든 과정도 성령의 역사 없이는 불가능하다. 만일 어떤 사람이 성령을 알지 못한다면 그는 그리스도인이 아니다. 왜냐하면 예수를 증거하시는 성령을 알지 못하고는 구원자이신 그리스도 예수를 알 수도, 믿을 수도 없으며 죄를 회개할 수도 없기 때문이다.

사람이 구원을 얻는 것은 죄 사함 얻었을 뿐 아니라 구원 얻은 자로 살아가도록 성령을 선물로 받은 것이므로 구원은 회개에서부터 예수 이름의 세례, 죄 사함을 얻고 성령을 선물(보혜사 그분)로 받는 것이다.

이는 한 단계씩 거쳐야 하는 것이 아니라 연속적이며 동시적인 사건으로, 전 과정은 각개로 분리할 수 없는 불가분의 관계이다. 그러므로 진정으로 회개했는데 예수 이름으로 세례는 안 받거나 예수 이름으로 세례는 받았는데 죄 사함을 얻지 못하거나 죄 사함을 얻었는데 성령을 선물(보혜사 그분)로 받지 못할 이유가 없다.

만일 어떤 사람이 구원은 얻었는데 성령(보혜사 성령)을 받지 못했다면 이는 죄 사함을 얻지 않고도 구원을 얻을 수 있다는 의미이므로 성경 말씀에 합당하지 않다. 그러므로 성령을 받지 못했다는 것은 죄 사함을 얻지 못했으며 구원을 얻지 못한 것인데, 이에 대해 성경은 다음과 같이 말하고 있다.

> [롬8:9] 만일 너희 속에 하나님의 영이 거하시면 너희가 육신에 있지 아니하고 영에 있나니 누구든지 그리스도의 영이 없으면 그리스도의 사람이 아니라

성령께서는 사람이 복음을 들을 때 구원과 영생에 대한 하나님의 비밀을 알게 하실 뿐 아니라 믿도록 역사하신다. 그러나 복음을 듣고도 회개하지 않는다면 예수 이름으로의 세례나 죄 사함은 물론 성령을 받지 못한다.

[요14:17] 저는 진리의 영이라 세상은 능히 저를 받지 못하나니 이는 저를 보지도 못하고 알지도 못함이라 그러나 너희는 저를 아나니 저는 너희와 함께 거하심이요 또 너희 속에 계시겠음이라

□ 성령받음과 구원에 대한 의문점

[요14:15] 너희가 나를 사랑하면 나의 계명을 지키리라 [16] 내가 아버지께 구하겠으니 그가 또 다른 보혜사를 너희에게 주사 영원토록 너희와 함께 있게 하시리니

선물은 대가 없이 거저 주는 것이지만 아무하고나 주고받는 것이 아니라 그만한 관계가 성립되어야 한다. 이처럼 사람이 하나님께 성령을 선물로 받으려면 먼저 하나님께서 인간에게 제시한 조건(약속)이 성립되어야 한다.

구원 얻은 자는 모두가 다 하나님의 자비와 긍휼하심의 은혜를 입은 하나님의 사랑하는 자녀이다. 그러므로 "육신의 아비는 자식을 버릴지라도 하나님 아버지는 자기가 구원하신 자기 자녀를 결코 버리지 않는다."라고 하신 대로 구원 얻은 자는 누구나 하나님 은혜의 선물인 성령을 받을 만한 관계가 충분히 성립된 것이다. 왜냐하면 죄 사함을 얻으면 성령을 선물로 주시겠다고 아버지께서 약속하셨기 때문이며 이는 곧 구원을 얻은 것이기 때문이다.

예수님은 '요14:15' 이하에서 자기를 사랑하는 자에게 또 다른 보혜사를 보내 주서서 영원히 함께하겠다고 하셨다. 이는 "죄 사함을

얻으면 성령을 선물"로 받는 것이므로 예수를 사랑하는 자는 죄 사함을 얻고 구원 얻은 자를 말씀하시는 것이다.

그렇다면 이에 대한 몇 가지 의문이 생긴다.

첫째, 구원을 얻었는데 성령을 받지 못할 수도 있나?

[엡1:13] 그 안에서 너희도 진리의 말씀 곧 너희의 구원의 복음을 듣고 그 안에서 또한 믿어 약속의 성령으로 인치심을 받았으니 [14] 이는 우리의 기업에 보증이 되사 그 얻으신 것을 구속하시고 그의 영광을 찬미하게 하려 하심이라

하나님께서 사람을 구원하시는 것은 죄로 인한 멸망에서 영생을 얻게 하가 위해서이다. 독생자 그리스도 예수도 믿음으로 심판받아야 할 죄에서 벗어나 의롭다 하심을 얻고 영생을 얻었으므로 심판에 이르지 않고 사망에서 생명으로 옮겨진 것이다(요5:24).

이와 같이 사람이 구원을 얻는 것은 죄에서 벗어나(롬6:7) 의롭다 하심(롬4:25, 3:25)을 얻은 것이므로 '행2:38'에서 베드로가 증언한 말씀대로 아버지의 약속하신 성령을 선물로 받는다.

앞의 본문에서 말씀하신 대로 사람이 구원을 얻었다는 것은 그리스도 예수로 말미암은 구원의 복음을 듣고 믿어 아버지의 약속하신 성령으로 인치심을 받음으로써 영생을 보증받은 것이다. 이는 주님이 다시 오시는 그 날까지 구원을 유지하고 하나님의 영광을 찬미하게 하려는 것이다.

그러나 만일 성령을 받지 않고 하나님을 섬긴다고 한다면 이는 하나님을 알면서도 하나님께 영광을 돌리지 않고 감사하지도 않는 것이다. 오히려 하나님의 영광을 구하지 않고 하나님을 우상 섬기듯 하며 피조물을 창조주보다 더 경배하는 것이다(롬1:21~25).

사도 베드로가 '행2:38~41'에서 "죄 사함을 얻으면 성령을 선물로 받으리니."라고 한 말씀은 믿고 구원 얻은 자 누구에게나 하신 약속의 말씀이다. 이는 주와 그리스도 되신 예수 그리스도를 거역하는 패역한 사람 중에서 구원받는 사람들에게 하신 약속이다.

오늘날 교회의 많은 구성원이 성령을 받지 못하는 것은 하나님께서 성령을 주시지 않거나 성령을 받기 어려워서가 아니다. "성령을 선물"로 받는 것에 대해 하나님이 하신 약속의 말씀에 대한 잘못된 가르침이나 무관심 또는 무지함으로 인해 약속을 믿지 않기 때문이다.

만일 어떤 사람이 예수님을 사랑해서 대신 죽으신 그를 위해 살기로 하고 죄 사함을 얻고 구원을 얻었다면 하나님 아버지께서 약속하신 성령을 그에게 선물로 주시지 않을 리가 없다(욜2:28~32). 왜냐하면 하나님 아버지께서 죄를 사해 주시고 구원의 선물로 성령을 주시기 위해서 자기의 독생자 예수 그리스도를 십자가에서 피 흘리게 내주셨기 때문이다.

둘째, 하나님께서 구원 얻음과 성령을 따로 받게 하셨나?

[행19:1] 아볼로가 고린도에 있을 때에 바울이 윗 지방으로 다녀 에베소에 와서 어떤 제자들을 만나 [2] 가로되 너희가 믿을 때에 성령을 받았느

사람이 구원을 얻을 때 하나님 아버지께서 성령을 주시지 않고 구원 후에 추가적으로 받으라고 하셨다면 이는 마치 부모가 자식을 낳아 놓고는 나중에 돌보겠다며 고아와 같이 아무 데나 버려두고 죽든지 살든지 모르겠다고 하거나 어느 정도 성장하거든 돌보겠다는 것이나 다를 바 없는 아주 무책임하고 비정한 어미와 같은 것이다(요14:18).

아버지께서는 죄 사함을 얻고 구원 얻은 자 누구에게든 구원을 얻는 동시에 성령을 선물로 주신다. 그러므로 구원을 얻었는데도 성령을 주지 않거나 따로 받게 할 이유가 없다. 아버지께서 약속하신 대로 이미 성령은 주신 것이다. 성령을 받고 못 받고는 약속의 말씀에 대한 각 사람 믿음의 문제이다.

만일 어떤 사람들처럼 '구원'과 '성령'을 각기 따로 받는 것이라고 주장한다면 이는 죄 사함을 얻지 않고도 구원을 얻을 수 있다고 잘못된 주장을 하고 있는 것이다. 왜냐하면 사람이 구원을 얻는 것은 죄에서 구원을 얻은 것이고 동시에 성령을 선물로 받는 것이라고 '행2:38~40'에서 말씀하고 있기 때문이다.

사람이 "성령을 선물로 받"는 것은 구원 얻은 자에게 또 다른 보혜사이신 성령이 오시는 것이다. 이때 그는 성령 충만한 상태가 되고 동시에 "성령으로 세례"도 받는다는 것이 성경의 바른 가르침이다.

그러나 대부분의 사람이 구원을 얻을 때 성령을 선물로 받음과 동시에 성령으로 세례를 받은 것이 아니라 교회를 다닌 후 얼마가 지난 후에야 성령을 받았다(선물과 세례)고 말한다.

이는 아버지께서 그렇게 해 놓으신 것이 아니다. 그때까지 아직 구원을 받지 못했거나 구원을 얻는(행19:1~7) 동시에 성령을 받는 것(선물과 세례)에 대해 믿음이나 교육이 부족했거나 무관심했기 때문일 수 있다.

셋째, 예수님 당시 그의 제자들은 왜 성령을 받지 못했나?

[요13:10] 예수께서 가라사대 이미 목욕한 자는 발 밖에 씻을 필요가 없느니라 온몸이 깨끗하니라 너희가 깨끗하나 다는 아니니라 하시니

[요15:3] 너희는 내가 일러준 말로 이미 깨끗하였으니

예수님의 당시 제자들은 "주는 그리스도시요 살아 계신 하나님의 아들"이라고 고백하며 예수 그리스도가 하나님이 보내 주신 구세주이시며 하나님의 아들이심을 믿었다. 그 믿음으로 이미 구원을 얻었는데 이는 예수께서 제자들에게 "너희는 내가 일러준 말로 이미 깨끗하다."라고 선언하셨기 때문이다.

그러나 제자들이 구원을 받고도 성령을 받지 못한 이유는 예수께서 아직 아버지께로 가시지 않아서 하늘 영광(승천) 가운데 계시기 전(요7:39)이므로 성령께서 강림하시지 않았고(요7:39, 16:7) 이로 인해 성령이 제자들에게 임하실 수(강림할 수) 없었기 때문이다.

예수님 당시 제자들은 주님과 옥에도 함께 가고 죽는 데도 함께 가겠다고 호언장담했지만 예수님이 잡혀 고난당하고 십자가에 처형되자 다 도망가서 옛날로 돌아갔다.

제자들이 만일 오순절 날 성령을 받지 않았다면 그들은 과연 사도의 사명을 감당할 수 있었을까? 제자들이 예수님과 함께할 때는 참되고 진실된 신앙을 소유할 수 있었지만 예수께서 잡히시고 함께하지 않을 때는 형편이 없었다. 그런 제자들이 오순절 날 성령을 받고 나서야 과거 예수님과 함께할 때의 신앙을 회복할 수 있었다.

이처럼 성령을 받지 않고는 육신적인 신앙에 머물 수밖에 없다. 그래서 하나님께서 구원 얻은 자에게 성령을 주시는 것이고 또 성령이 아니고는 하나님이 기뻐하시는 신앙생활을 할 수 없다. 그러므로 사람의 참 신앙은 성령을 받은 후부터 시작된다.

성령받음과 영생 유업과의 관계

[고후 1:21] 우리를 너희와 함께 그리스도 안에서 견고케 하시고 우리에게 기름을 부으신 이는 하나님이시니 [22] 저가 또한 우리에게 인치시고 보증으로 성령을 우리 마음에 주셨느니라

위 본문에서 하나님께서는 구원 얻은 자에게 믿음을 견고하게 하시고 능력을 부어 주셨을 뿐 아니라 인치시고(자녀 삼으심) 그 보증(영생 유업)으로 구원 얻은 자의 마음에 성령을 주셨다고 말씀하고 있다. 이는 주님 다시 오시는 그 날까지 영원토록 함께하시면서 지켜 주시고 말씀으로 인도하시며 죄에서 구원해 주신 아버지의 은혜에 감사의 노래를 하게 하려 하심이다(엡1:13~14).

인침은 소유권을 확실하게 하기 위해 도장을 찍는 법적 용어이며

보증은 상거래할 때 쓰이는 말로 약속을 지키겠다는 일종의 계약금, 즉 보증금을 말한다(그랜드주석, 고후1:22~23 해설).

성령께서는 구원 얻은 하나님의 자녀를 구속의 그 날(주님 만나는 날)까지 하나님 말씀으로 인도하시고 보호하시다가 주님 다시 오시는 그때 영원한 나라로 인도하시는 분이다. 그러므로 "하나님의 성령을 근심하게 하지 말아야 한다."(엡4:30)

구원 얻은 자의 몸은 하나님 아버지께서 그의 독생자 예수 그리스도가 십자가에서 흘린 피의 값으로 사신 것이기 때문에 이제 더 이상 자신의 것이 아니다. 그러므로 그 몸 안에 하나님의 성령이 계시므로 하나님의 성전인 것이다.

마지막 날에는 각 사람의 회개의 열매가 평가받게 될 것이다. 그런데 만일 구원 얻은 자가 마음속에 모신 인생에 주인이신 성령께 순종하여 하나님 아버지의 말씀을 지켜 행하면서 믿음 안에 살았다면 마지막 심판의 날에 주님께 그 믿음을 인정받고 칭찬받을 것이고 그렇지 못하면 심판을 피하지 못할 것이다.

그러므로 누구든지 구원 얻은 자는 자기 안에 하나님의 성령이 계시고 그곳이 하나님의 성전임을 명심하고 주님 다시 오시는 그 날까지 그 성전을 더럽히지(성결, 성화) 말고 거룩하게 유지해야 한다. 구원을 인침받은 자에게 이 일(영생)을 이루게 하시고 그 보증으로 하나님께서 성령을 주셨기 때문이다.

하나님 아버지의 약속하신 성령은 구원 얻은 자의 마음속에 계신다. 성령께서 구원 얻은 자 '속에 계신다는 것'은 성령께서 구원 얻은 자 마음속(내주)에 오시는 것이며 이는 구원 얻은 자가 성령을 인생에 주인으로 모셔 드리는 것이다. 이로 인하여 하나님 아버지의 소유인 하나님의 자녀가 된 것이며 이는 또 그의 자녀이므로 아버지의 영생 유업을 잇는 상속자가 된 것이다.

생각해 보기

사람이 죄 사함을 얻지 않고는 구원을 받을 수 없으며 성령을 받을 수도 없다. 그러므로 성령을 선물로 받았다는 것은 하나님께 죄 사함을 얻은 것이고, 하나님께서 의롭다 하심으로 거듭난 것이며, 구원 얻은 것이므로 영생 유업의 보증을 받은 것이다(고후1:21~22, 엡 1:13~14).

Q. 당신은 죄 사함을 얻었습니까?(롬6:7, 11)

Q. 당신은 성령을 받았습니까?(행2:38)

Q. 당신은 구원은 얻었지만 성령은 받지 못했습니까?(행19:1~7)

Q. 당신은 성령으로 다시 태어났습니까?(요1:12~13)

Q. 당신은 영생 보증을 받았습니까?(고후1:21, 롬8:16, 요일5:11~12)

제5장

성령의 열매와 은사 그리고 직임과 사역

[표 5-1] 성령의 열매와 은사 그리고 직임과 사역의 보완 관계

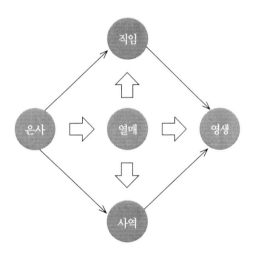

　　[표 5-1]에서 보는 바와 같이 성령의 열매는 성령의 나타남의 은사와 직임과 사역과 그리고 영생 유업과 유기적인 관련이 있다. 성령의 열매와 관계가 없는 은사, 직임, 사역, 영생은 성경적이지 않다

(마7:21~23). 성령의 열매는 신앙의 근간이요, 하나님께서 주시는 내재적인 능력이다.

사람의 속사정은 사람 속에 있는 영 외에는 알지 못하는 것처럼 하나님의 깊은 속사정도 하나님의 성령 외에는 아무도 알지 못한다. 그러므로 성령을 통해서가 아니면 하나님의 뜻을 알 수가 없고 신앙생활을 할 수도 없다. 이 장에서는 성령의 열매와 특별히 관련이 있는 몇 가지 진리들을 살펴보겠다.

성령의 열매

[갈5:22] 오직 성령의 열매는 사랑과 희락과 화평과 오래 참음과 자비와 양선과 충성과 [23] 온유와 절제니 이같은 것을 금지할 법이 없느니라 [24] 그리스도 예수의 사람들은 육체와 함께 그 정과 욕심을 십자가에 못 박았느니라 [25] 만일 우리가 성령으로 살면 또한 성령으로 행할지니 [26] 헛된 영광을 구하여 서로 격동하고 서로 투기하지 말지니라

[표 5-2] 성령의 열매의 종류(갈5:22~23)

사역 대상	사역 목적	사역의 열매
공동체를 위한 열매	화목	사랑, 희락, 화평
이타적 열매	섬김과 봉사	오래 참음, 자비, 양선
자신을 위한 열매	신앙 인격	충성, 온유, 절제

그리스도 예수의 이름으로 세례받은 자는 그 육체와 함께 그 정과 욕심을 십자가에 못 박은 것이므로 이제는 육체의 정욕을 따라 살지 않는다. 성령께서 인도하시는 하나님 말씀을 지켜 행함으로써 많은 열매를 맺어 하나님께 영광을 돌리는 예수의 제자로 살아간다.

구원 얻은 자에게 성령이 열매가 맺혀야 그의 삶과 사역이 회개에 합당한 열매를 맺을 수 있고 또 하나님이 기뻐하시고 선하시고 온전하신 뜻을 이루어 드리는 산 제사를 드릴 수 있게 된다.

□ 성령의 열매를 맺어야 하는 이유

[요15:8] 너희가 과실을 많이 맺으면 내 아버지께서 영광을 받으실 것이요 너희가 내 제자가 되리라 [9] 아버지께서 나를 사랑하신 것 같이 나도 너희를 사랑하였으니 나의 사랑 안에 거하라 [10] 내가 아버지의 계명을 지켜 그의 사랑 안에 거하는 것 같이 너희도 내 계명을 지키면 내 사랑 안에 거하리라 [11] 내가 이것을 너희에게 이름은 내 기쁨이 너희 안에 있어 너희 기쁨을 충만하게 하려 함이니라

성령의 열매는 성령의 나타남의 은사처럼 겉으로 드러나는 현상은 아니지만 구원 얻은 자의 마음속에 내재하는 신앙 인격으로, 그 결과는 일상생활이나 예수 증인의 사역에 많은 영향을 끼친다.

사람이 만일 구원을 얻고도 그의 삶과 사역을 성령의 인도하심에 순종하지 않고 세상의 기준이나 방법 그리고 세상 것(재물, 명예, 자

랑 등)들을 추구하는 것을 목적으로 하는 것을 '마7:21~23'에서 예수님은 불법을 행하는 것이라고 하시며 천국에 들어가는 것과 비유하여 경고하고 계신다.

구원 얻은 자가 성령의 열매를 맺어야 주께서 주시는 기쁨으로 충만할 수 있고, 그의 일상생활과 사역을 통하여 하나님 아버지께 영광을 돌리는 예수의 제자로 살아갈 수 있다.

아버지께서 예수님을 사랑하신 것 같이 예수님이 모든 사람의 죄를 위하여 대신 십자가에 달려 피 흘려 죽는 사랑으로 온 인류를 구원하셨다. 구원 얻은 자라면 이웃에게 예수님의 그 사랑을 실천 (복음 전파)하는 것이 예수님 사랑 안에 거하는 것이다. 성령의 열매를 맺지 않고는 이것이 불가능하기 때문이다.

□ **성령의 열매를 맺으려면**

[요15:2] 무릇 내게 있어 과실을 맺지 아니하는 가지는 아버지께서 이를 제해 버리시고 무릇 과실을 맺는 가지는 더 과실을 맺게 하려 하여 이를 깨끗케 하시느니라

[요15:6] 사람이 내 안에 거하지 아니하면 가지처럼 밖에 버리워 말라지나니 사람들이 이것을 모아다가 불에 던져 사르느니라

믿는다고 하면서 과실을 맺지 않으면 어떻게 될까? 예수님은 이 질문에 대하여 '요15:2, 6'에서 간단하게 답하고 있다.

만일 사람이 믿는다고 하면서 과실을 맺지 않는다면 아버지께서 그 가지를 잘라 버려 밖에 던져 버리면 사람들이 이것을 모아다가 불에 던져 사른다고 하셨다.

많은 사람이 신앙의 열매를 맺기 위해 많은 노력과 수고를 하느라 분주하지만 예수님은 열매를 맺으려면 "내 안에 거해야 한다."라고 하셨다. 이는 가지가 포도나무에 붙어 있는 것처럼 예수 안에 거해야 한다. 예수 안에 거하는 것은 어떻게 하는 것일까?

예수님은 '요15:7~8'에서 제자들에게 "너희가 내 안에 거하고 내 말이 너희 안에 거하면 너희가 과실을 많이 맺고 아버지께서 영광을 받으시고 너희가 내 제자가 될 것이다."라고 하셨다.

'거'한다는 것은 '~대로 활동하다', '~대로 살아간다'라는 의미이다. 이는 예수와 연합하는 것, 즉 그의 말씀과 가르침에 순종하는 것을 말한다.

사람이 예수님 안에 거하는 것은 예수님의 말이 그 사람의 삶에서 영향력을 행사하는 것 즉 예수님의 말씀을 지켜 행하며 살아가는 것이다. 예수님은 하나님 아버지의 계명을 지킴으로써 그의 사랑 안에 거했다고 하시면서 너희도 나의 계명을 지키는 것이 내 사랑 안에 거하는 것이라고 하셨다. 예수께서 말씀하시는 계명은 "내가 너희를 사랑한 것 같이 너희도 서로 사랑하라."라는 것이다.

그러므로 예수님께 받은 구원의 사랑을 혼자 간직하지 않고 이웃들에게 나누어 주는 것이 예수의 계명을 지키는 것이고 예수 안에 거하는 것이다. 예수님은 이런 사람이 아버지께 사랑을 받을 것이고 주님께서도 그에게 주님의 사랑을 나타내시겠다고 약속하셨다(요14:21).

사람이 예수님 안에 거하고 예수님의 말이 사람 안에 거하면 그는 성령을 좇아 행하게 되기 때문에 육체의 욕심을 이루지 않는다. 인간 육체의 욕심은 성령을 거스르고 성령의 소욕은 육체의 욕심을 거스른다. 그러므로 예수의 사랑 안에 거하려면 성령을 좇아 행해야 한다.

하나님께 영광을 받고 예수님의 제자가 되는 길은 과실을 많이 맺어야 가능하다. 그러기 위해서는 예수님 안(말씀)에 있어야 하는데, 이는 성령의 인도하심에 순종해서 그의 말씀(계명, 즉 영혼 구원)을 지켜 행하는 것이다. 성령의 열매는 예수님 안(말씀을 지켜 행하는 것)에서만 맺히는 신앙의 품격이기 때문이다.

성령의 나타남의 은사들

[표 5-3] 성령의 나타남의 은사의 종류(고전12:8~10)

구분	사역	사역의 은사
말씀 은사	가르침	지혜, 지식, 영들 분별함
능력 은사	섬김과 봉사	믿음, 병 고침, 능력 행함
언어 은사	계시	예언, 각종 방언, 통역

□ 성령의 나타남(은사)을 주시는 목적

[고전 12:4] 은사는 여러 가지나 성령은 같고 5] 직임은 여러 가지나 주는
같으며 [6] 또 역사는 여러 가지나 모든 것을 모든 사람 가운데서 역사하
시는 하나님은 같으니 [7] 각 사람에게 성령의 나타남을 주심은 유익하게
하려 하심이라

사도 바울은 성령께서 각 사람의 직임을 통해서 사역의 현장에 여
러 가지 역사가 나타나게 하시는 것은 "유익하게 하려 하심"이라고
하셨다. 각 사람은 성령의 인도하심에 순종해서 믿음의 사역을 하
고 성령께서는 그 사역을 통해서 하나님의 역사를 나타내 주신다.

사역을 할 때 성령의 나타남은 어떤 사람이 가지고 있던 것을 그
의 의지나 능력으로 자유롭게 나타나게 하는 것이 아니고 전적으
로 성령께서 그의 뜻대로 나타나게 해 주시는 것이다(때로는 성령께
서 사역자의 믿음의 선한 뜻을 인정해서 능력을 나타내 주시기도 한다).

성령의 나타남은 어떤 사람의 사역을 통해서 외적으로 나타내 주
시는 하나님 능력의 현상이다. 성령의 열매는 그 사람의 신앙 인격
속에 맺히는 내재돼 있는 것으로, 섬김과 봉사의 사역에 영향력을
끼치는 내적으로 맺히는 열매이다.

몸에는 불필요한 기관이 없는 것처럼 하나님께서 사람을 구원해
놓고는 아무런 은사도 주지 않거나 불필요한 헛된 은사를 주실
리가 없다. 다만 성령의 나타남이라는 은사를 주신 것에 대한 믿음
이 부족할 따름이다.

하나님은 구원 얻은 그의 자녀들로 하여금 교회와 성도를 섬기는

봉사와 복음 전파 사역을 위해 권능(은사: 성령의 나타남)을 주신다. 또한, 그들의 섬김과 복음 전파 사역의 현장에 함께하시면서 믿는 자에게 따르는 표적으로 말씀을 확실하게 증거하신다(막16:20).

부활하신 주께서 '행1:8'에서 말씀하신 바와 같이 사람이 예수 증인의 사역을 하는 것은 세상 지식이나 재능으로 하는 것이 아니고 오직 하나님이 주시는 성령의 권능으로만 가능하다.

증인은 어떤 사건에 대하여 자신의 느낌이나 생각, 추상적인 지식으로 증언하는 것이 아니라 반드시 자기가 직접 보고 들은 대로 사실만을 말해야 한다. 그러므로 보고 들은 것도 없이 증언하거나 보고 들은 것과 다르게 증거하는 것은 위증이고 거짓이며 그에 따른 책임을 지게 된다.

성령께서 각 사람에게 그의 뜻대로 성령의 능력의 나타남을 주시는 목적은 예수 증인의 사역을 하게 하려는 것이며 또 교회와 성도들에게 유익함을 주어서 하나님께 영광이 되게 하려는 것이다.

오늘날 교회 공동체의 많은 사람이 성령의 권능에 대해 무관심하다. 그러니 예수 증인의 사역을 하지 못하고 예수로 인한 기쁨과 즐거움도 없이 삶의 고민과 생활의 무기력함 속에서 방황하며 습관처럼 교회를 출입할 수밖에 없다. 이는 참으로 안타까운 일이다.

직임과 사역

성령께서 각 사람에게 성령의 나타남을 주시는 은사는 여러 가지이지만 그것을 각 사람에게서 나타나게 하시는 이는 성령 한 분이시다. 또 그 은사에 따른 직임은 여러 가지지만 그 직임의 사역을 통하여 역사하시는 주는 같다. 또한, 역사는 여러 가지 현상으로 나타나지만 모든 것을 모든 사람 가운데서 행하시는 하나님은 한 분이시다.

□ 은사에 합당한 직임

[고전12:27] 너희는 그리스도의 몸이요 지체의 각 부분이라 [28] 하나님이 교회 중에 몇을 세우셨으니 첫째는 사도요 둘째는 선지자요 셋째는 교사요 그다음은 능력이요 그다음은 병 고치는 은사와 서로 돕는 것과 다스리는 것과 각종 방언을 하는 것이라 [29] 다 사도겠느냐 다 선지자겠느냐 다 교사겠느냐 다 능력을 행하는 자겠느냐 [30] 다 병 고치는 은사를 가진 자겠느냐 다 방언을 말하는 자겠느냐 다 통역하는 자겠느냐(롬 12:6~13, 엡4:11~13)

사람의 몸에는 여러 기관이 있지만 그 기관들이 각기 맡은 위치에서 그 소임대로 작용해야 우리의 몸은 건강을 유지할 수 있다. 성령께서도 이와 같이 교회의 각 사람에게 성령의 뜻대로 성령의 나타남을 주셨는데, 이는 교회의 한 신체 기관으로서 유익하게 섬김과 봉사의 사역을 하게 하려는 것이다. 그러므로 교회의 각 부분들은 성령께서 주신 은사에 합당한 직분을 맡아 사역해야 한다.

손이 발의 역할을 할 수 없고 눈은 귀의 역할을 할 수 없다. 누군가 성령께서 주신 은사에 합당한 직분이 아닌 일을 하거나 세상 재능이나 지식, 경험으로 교회를 섬기거나 봉사하려 한다면 이는 성령께서 주신 것이 아니므로 질서가 유지될 수 없다.

성령께 받은 은사에 합당하지 않은 직분은 세상의 방법과 목적으로 사역하게 된다. 이는 하나님이 기뻐하시지 않을 뿐 아니라 그 사역의 열매도 보장할 수 없다. 그러므로 직임은 성령께서 주신 은사에 합당해야 하나님께 영광이 된다.

성령께서 각 사람에게 은사에 합당한 직분을 주시고 그 직분을 감당하게 하시는 목적은 성도들을 흠 없고 온전한 하나님의 자녀로 성장시키기 위함이며 또 그들을 섬기며 도우며 교회 공동체를 바르게 유지시키기 위함이다.

교회 공동체의 구성원들이 그리스도의 몸을 바르게 세우는 일은 각 구성원이 모두 다 하나님의 아들을 믿고 그 믿음으로 살도록 마음을 모아 힘써야 한다. 그렇게 흠 없고 온전한 그리스도인으로서 신앙 인격이 장성한 분량에 이르게 하기 위함이다.

이로 인해 예수 안에서 많은 열매를 맺게 되고 하나님 아버지께서는 영광을 받으시고 성도들은 예수의 제자로 살아가게 된다. 이 일은 성령께서 주신 은사에 합당한 직임을 맡아 성령의 인도하심에 순종할 때 가능한 일이다.

□ **직임 사역의 자세**

성경 '마25:14~30'에는 어떤 사람이 타국에 갈 때 그 종들을 불러 자기 소유를 맡긴 것에 대한 비유의 말씀이 있다. 주인은 타국에 가기 전에 종들의 재능대로 각각 금 다섯 달란트, 두 달란트, 한 달란트를 맡기고 떠났다.

다섯 달란트를 받은 종은 그것으로 장사를 해서 다섯 달란트를 남겨 열 달란트가 되었고, 두 달란트를 맡은 종은 네 달란트가 되었는데, 한 달란트를 맡은 종은 도둑맞을까 두려워서 주인이 맡긴 돈을 땅속에 감춰 두었다.

얼마 후 주인이 돌아와 다섯 달란트와 두 달란트를 남긴 종에게는 작은 일에 충성했다며 "잘했구나! 착하고 충성된 종아."라고 칭찬하며 갑절로 보상해 주었다. 한 달란트 받았던 종은 "주여, 당신이 맡기신 것을 도둑맞지 않도록 땅속에 묻었다가 그대로 가져왔다."라고 하면서 자랑스럽게 내놓았다. 주인은 그에게 "게으르고 악한 종"이라 책망하며 그 돈을 빼앗아 열 달란트 가진 자(가장 많이 남긴 자)에게 주라 했다. 그리고는 "이 무익한 종을 바깥 어두운 데로 내어 쫓으라. 거기서 슬피 울며 이를 갊이 있으리라."라고 했다.

직임을 맡은 자는 그 직임이 나의 일이 아니라 하나님의 일임을 명심해야 한다. 사람이 자기의 일을 게으르거나 불성실하게 하면 자기 자신이 손해를 보겠지만 하나님께서 맡겨 주신 직임을 불성실하거나 게으르게 한다면 하나님께 책망을 받을 것이고 바깥 어두운 데로 쫓거나 거기서 슬피 울며 이를 갊게 될 것이다.

하나님의 일(사역)을 할 때 성령께 순종해야 하는 것은 하나님의 뜻을 이루게 하시는 이가 성령이시므로 하나님의 뜻과 방법대로 하기 위함이다. 성령께서는 사역에 있어서 사람의 지혜나 이성, 방법대로 하지 않고 언제나 하나님의 뜻과 방법대로 하시기 때문이다.

구원 얻은 자 안에 계신 성령은 그 사람으로 하여금 모든 일을 하나님이 기뻐하시는 뜻에 따라 하나님의 방법으로 사역하도록 인도한다.

□ 열매로 행하는 직임 사역

> [마7:20] 이러므로 그의 열매로 그들을 알리라 [21] 나더러 주여 주여 하는 자마다 천국에 다 들어갈 것이 아니요 다만 하늘에 계신 내 아버지의 뜻대로 행하는 자라야 들어가리라 [22] 그날에 많은 사람이 나더러 이르되 주여 주여 우리가 주의 이름으로 선지자 노릇 하며 주의 이름으로 귀신을 쫓아내며 주의 이름으로 많은 권능을 행치 아니하였나이까 하리니 [23] 그때에 내가 저희에게 밝히 말하되 내가 너희를 도무지 알지 못하니 불법을 행하는 자들아 내게서 떠나가라 하리라 [24] 그러므로 누구든지 나의 이 말을 듣고 행하는 자는 그 집을 반석 위에 지은 지혜로운 사람 같으리니

성경 '마7:15~23'에서 불법을 행하는 거짓 선지자들은 노략질하는 이리와 같다고 말씀하고 있다. 하나님께서는 인간의 죄를 위해 그 아들 독생자를 화목 제물로 내주셨는데 거짓 선지자들은 하나님의 영광을 위해 일한다면서 마음에 품은 죄를 버리지 않고 예수 이름을 빙자해서 자신의 배를 채우기 위해 더러운 이를 탐한다.

심판 날에 이들이 천국의 문 앞에 와서 예수님께 자기들이 살아생전에 "주 예수 이름으로 선지자 노릇 하며 귀신을 쫓아내며 많은 권능을 행했다."라고 하면서 천국에 들어갈 자격이 있다고 주장할

것이라고 비유적으로 말씀하셨다.

그러나 예수님은 이들에게 "내가 너희를 도무지 알지 못하니 불법을 행하는 자들아 내게서 떠나가라."라고 할 것이라고 하셨다. 이들이 주 예수의 이름으로 주 예수의 사역을 했지만 예수님은 도대체 자신과는 아무 상관도 없는 일을 했다는 것이다.

이들의 실망과 좌절은 얼마나 컸을까? 예수님은 이들에게 하나님의 일을 하나님의 뜻대로 행하지 않고 오히려 불법을 행했다고 책망하시며 천국 문을 열어 주시지 않겠다고 했다.

예수님이 원하시는 사역, 즉 하나님 뜻대로 행하는 사역은 성령의 인도하심(열매)으로 하는 사역이다. 사람이 성령의 인도하심을 받지 않으면 하나님의 일을 하나님 뜻대로 사역하지 못하고 자기 뜻대로 하며 자기 유익과 자기 영광을 위해 사역하기 때문이다.

'빌3:18~19'에서는 사도 바울이 썩어 가는 구습을 버리지 못하고 세상을 따라 살아가는 빌립보 교회의 성도들에게 눈물을 흘리며 말한다. "내가 여러 번 너희에게 말하였거니와 이제도 눈물을 흘리며 말하는데 여러 사람들이 그리스도 십자가의 원수로 행하고 있다."라고 하면서 "너희가 하나님이라고 섬기는 것은 먹고 마시는 것이요 하나님께 영광 돌린다는 행위는 수치스럽고 더러운 죄악의 행위이며 결국은 심판 날에 멸망당하고 말 것이다."라고 경고했다.

많은 사람이 주의 이름으로 큰 권능을 행하며 주의 일을 했지만 그들은 자신의 유익을 위해서, 자신을 드러내기 위해서, 자신의 배를 채우기 위해서 그 일을 했다.

그들은 자기가 하고 싶은 대로 하고는 하나님께 영광을 돌렸다고 말한다. 그러나 이는 자신을 위해 자기 영광을 위한 일이므로 하나님께는 불법이 된다.

이 말씀이 주는 교훈은 인간이 하나님 앞에서는 '무엇을 얼마나 했느냐'가 중요한 것이 아니고 '어떻게 했느냐'가 중요하다는 것이다.

🗨️ 생각해 보기

성령 그분은 예수님 대신 구원 얻은 자와 영원히 함께 있기 위해서 오신 또 다른 보혜사이시다. 하나님은 성령 그분을 통해서 구원 얻은 자들로 하여금 회개에 합당한 열매를 맺게 하시고 그 열매로 예수 증인의 사역을 하게 하신다.

Q. 당신에게서 성령의 열매가 맺히고 있습니까?

Q. 성령께서는 당신의 사역에 어떤 나타남을 주십니까?

Q. 당신은 하나님의 일을 그가 주신 열매로 사역하십니까?

Q. 당신의 맡은 교회의 직분은 당신이 받은 은사에 합당한 직분인가요?

Q. 당신이 지금 주 예수 이름으로 선지자 노릇을 하고, 능력을 행하고, 많은 사람의 병을 고쳐 주고 있는데 예수께서는 당신의 그 사역에 대해 어떻게 생각하고 계실까요?

제6장

성령은 어떻게 함께하시나

[요14:16] 내가 아버지께 구하겠으니 그가 또 다른 보혜사를 너희에게 주사 영원토록 너희와 함께 있게 하시리니 [17] 저는 진리의 영이라 세상은 능히 저를 받지 못하나니 이는 저를 보지도 못하고 알지도 못함이라 그러나 너희는 저를 아나니 저는 너희와 함께 거하심이요 또 너희 속에 계시겠음이라 [18] 내가 너희를 고아와 같이 버려두지 아니하고 너희에게로 오리라

[표 6–1] 성령의 이중 사역

		행2:38	요14:17	고후1:22	갈5:22~23
성령강림	성령충만	선물	속에	인침, 보증	열매(산 제사)
		성령 세례	거하심	권능(은사)	증인(사역)
		행1:4, 5, 8	요14:17	고후1:21, 행1:8	막16:20

사람이 아무리 악할지라도 자기 자식만큼은 좋은 것을 먹이고 입히고 가르치고 평생을 좋은 환경에서 살아가게 하려고 한다. 자신을 돌아보지 않으면서까지 힘을 다해 보살펴 주는데, 이처럼 자식을 낳아만 놓고 돌보지 않는 부모는 없다.

만일 하나님께서 사람을 구원해 놓고 성령을 주시지 않는다면 이는 자식을 낳아만 놓고 고아처럼 버려둔 채 돌보지 않는 비정한 어미와 다를 바가 없다. 그래서 하나님은 "내가 너희를 고아와 같이 버려두지 않고 너희에게로 다시 오겠다(요14:18)."라고 말씀하고 있는 것이다. 갓난아기에게는 부모의 보호가 필요한 것처럼 구원 얻은 하나님의 자녀에게도 하나님 아버지의 보호와 인도가 필요하다.

하나님 아버지께서는 예수님이 승천하시고 지상에 안 계신 동안 구원 얻은 자기 자녀들을 고아와 같이 버려두지 않으시고 늘 함께 하면서 위로하고 인도하실 또 다른 보혜사이신 성령 그분을 예수님 대신 보내 주셨다.

[표 6-2] 성령의 내적 사역과 외적 사역의 비교

성령의 내적(속에 계심) 역사	성령의 외적(거하심) 역사
화학적 변화(물/포도주)	물리적 변화(물/얼음)
영구적 현상(열매)	일시적 현상(은사)
인침과 영생 보증	권능 있는 증인

아버지의 약속으로 오신 또 다른 보혜사이신 성령 그분은 주님이

다시 오시는 그 날까지 영원토록 구원 얻은 하나님의 자녀들과 함께 거하시고 일상생활과 사역에 늘 함께하시고 또 그 속에 계시면서 회개에 합당한 열매를 맺도록 인도하신다.

성령은 구원 얻은 자와 함께 거하신다

[요14:17] 저는 진리의 영이라 세상은 능히 저를 받지 못하나니 이는 저를 보지도 못하고 알지도 못함이라 그러나 너희는 저를 아나니 저는 너희와 함께 거하심이요

함께 '거하신다'라는 것은 같은 공간 내에서 같이 생활한다는 의미이다. 이는 늘 함께 동행하시면서 함께 먹고 자고 일하는 것을 말한다. 그러므로 성령께서 구원 얻은 자와 함께 거하신다는 것은 구원 얻은 자의 일상생활과 복음 전파 사역의 현장에 늘 함께 동행하시면 함께 사역하신다는 의미이다.

예수님이 제자들과 잠시도 떨어지지 않고 항상 함께 다니시며 먹고 자고 사역하셨던 것처럼 예수님 대신 오신 또 다른 보혜사이신 성령께서도 구원 얻은 자의 일상생활과 사역의 현장에서 영향력을 행사하시어 하나님의 권능이 나타나게 해 주신다.

첫째, 구원 얻은 자와 함께 거하시는 성령은 예수 증인의 권능을 주시고 담대하게 증거하게 하신다.

만일 어떤 사람에게 성령이 함께 거하신다면 그는 자신의 능력이

아닌 성령의 능력으로 살아가게 된다. 그는 자기 혼자가 아니라 전능자가 자기와 함께해 주심을 알고 있기 때문에 담대해질 수 있다.

유대인들이 두려워서 피해 다니고 숨어서 만나던 제자들이 갑자기 돌변하여 오순절 날 예루살렘 성전 앞 광장에 모인 수많은 유대 군중들을 향하여 "이스라엘 온 집이 정녕 알지니 너희가 십자가에 못 박은 이 예수를 하나님이 (너희) 주와 그리스도가 되게 하셨다(행2:36),"하며 "회개하라."라고 외칠 수 있었던 것은 이 날 성령을 받고 담대해 졌기 때문이다.

어떤 사람에게 성령이 거하시지 않으면 그는 결코 예수 증인이 될 수 없는데 이 사역은 성령께서 함께하시지 않으면 할 수 없는 일이기 때문이다. 성령께서는 구원 얻은 자에게 예수 증인을 위한 하나님의 권능을 주심으로써 복음 전파에 대한 담대한 믿음을 주신다.

어떤 종이 주인의 일을 할 때 그 주인은 종에게 필요한 모든 권한과 경비를 준다. 이처럼 사람이 하나님의 일(증인)을 할 때 하나님의 뜻으로 하는 것이라는 증거로 그리고 그 일이 하나님께서 직접 하시는 것과 다름없다는 증거로 그 일을 하는 예수 증인에게 표적이 따르게 하신다.

둘째, 구원 얻은 자와 함께 거하시는 성령은 믿는 자에 따르는 표적을 나타내 주신다.

[막16:17] 믿는 자들에게는 이런 표적이 따르리니 곧 저희가 내 이름으로 귀신을 쫓아내며 새 방언을 말하며 [18] 뱀을 집으며 무슨 독을 마실

지라도 해를 받지 아니하며 병든 사람에게 손을 얹은즉 나으리라 하시더라 [19] 주 예수께서 말씀을 마치신 후에 하늘로 올리우사 하나님 우편에 앉으시니라 [20] 제자들이 나가 두루 전파할 새 주께서 함께 역사하사 그 따르는 표적으로 말씀을 확실히 증거하시니라

'막16:20'에서는 "제자들이 두루 다니며 복음을 전파할 때 주(성령)께서 함께 역사하시어 그 따르는 표적으로 말씀을 확실하게 증거해 주셨다."라고 기록하고 있다. 그런데도 많은 사람은 권능이 나타나야 복음을 전하겠다며 나가서 전하지 않고 앉아서 권능이 나타나기만을 기다리고 있다.

부활하신 주님께서 승천하시기 전 복음 전파를 위해 제자들을 파송할 때 "너희가 전하는 복음을 듣고 믿는 자들은 구원을 얻을 뿐 아니라 믿는 자에게는 이런 표적이 따를 것이다(막16:16~18)."라고 하시면서 제자들을 보내셨다.

제자들이 주님의 이 말씀을 믿고 나가 여기저기 다니며 복음을 전할 때 주께서 함께 역사하시어 제자들(믿는 자, 즉 구원 얻은 자)에게 따르는 표적을 나타내시어 제자들이 전하는 말씀을 확실하게 증거하셨다.

많은 사람이 성령의 권능(은사들)을 자기 소유로 오해하고 내 생각과 마음대로 행사할 수 있는 것으로 착각한다. 그러나 하나님께서 성령을 통하여 나타내 주시는 권능은 인간이 소유하고 있는 능력이 아니라 성령께서 복음 전파 사역의 현장에서 사역자를 통하여 그 뜻대로 나타내 주시는 하나님의 표적이다.

이와 같이 성령께서 구원 얻은 자와 함께 거하신다는 것은 구원

얻은 자의 일상생활은 물론 복음 전파 사역에 언제나 주께서 함께 역사하셔서 그 따르는 표적으로 말씀을 확실히 증거해 주시는 것이다.

성령은 구원 얻은 자 속에 계신다

[요14:17] 저는 진리의 영이라 세상은 능히 저를 받지 못하나니 이는 저를 보지도 못하고 알지도 못함이라 그러나 너희는 저를 아나니 저는 너희와 함께 거하심이요 또 너희 속에 계시겠음이라

사람이 죄 사함을 얻고 구원을 얻으면 성령께서 그 사람 속(영)에 들어와 계신다. 이는 하나님께서 구원 얻은 자를 자기 자녀 삼으시고 지키시고 보호하셨다가 주님 다시 오시는 그 날 영생에 이르도록 하기 위함이다. 성경은 이에 대해 다음과 같이 말씀하고 있다.

[고후1:22] 저가 또한 우리에게 인치시고 보증으로 성령을 우리 마음에 주셨느니라

[고후5:5] 곧 이것을 우리에게 이루게 하시고 보증으로 성령을 우리에게 주신 이는 하나님이시니라

성령께서 구원 얻은 자 속에 계신다는 것은 성령께서 언제나 그 사람을 하나님의 말씀으로 가르치시고 생각나게 하시는 것이다. 그

래서 구원 얻은 자는 육신의 음성을 따르지 않고 성령의 인도하심에 순종해서 성령께서 가르쳐 주시고 생각나게 하시는 하나님의 말씀을 지켜 행한다. 그리고 회개에 합당한 열매를 맺고 하나님께 영광을 돌리는 예수님의 제자로 살아가게 하시는데, 이는 구원 얻은 자의 마음속에 계신 성령께서 그를 인도하시고 그는 또 그 인도하심에 순종하기 때문이다.

사람이 하나님의 영으로 인도받는다는 것은 그가 곧 하나님의 자녀라는 증거이며 이는 또 성령께서 구원 얻은 자 속에 계신다는 증거이다. 그래서 하나님의 영(성령)을 받은 자들은 하나님을 아바 아버지라고 부르며 그리스도의 고난에 동참하기를 기뻐한다(롬 8:14~15).

첫째. 구원 얻은 자 속에 계신 성령은 회개에 합당한 열매를 맺게 하신다.

[마3:7] 요한이 많은 바리새인과 사두개인이 세례 베푸는데 오는 것을 보고 이르되 독사의 자식들아 누가 너희를 가르쳐 임박한 진노를 피하라 하더냐 [8] 그러므로 회개에 합당한 열매를 맺고 [9] 속으로 아브라함이 우리 조상이라고 생각지 말라 내가 너희에게 이르노니 하나님이 능히 이 돌들로도 아브라함의 자손이 되게 하시리라

침례 요한이 요단강에서 유대인들에게 죄를 회개하게 하기 위한 침례를 주고 있었는데, 바리새인과 사두개인이 세례를 받으러 왔다. 침례 요한은 이들에게 "독사의 자식들"이라고 경고하며 "회개에 합당한 열매를 맺으라."라고 외치고 "너희가 육신적으로 아브라함의

후손이라며 하나님의 백성이라는 잘못된 생각을 버리라."라고 했는데 이는 회개에 합당한 열매를 맺지 못하면 심판을 면하지 못한다는 것이다.

바리새인은 원래 종교 지도층에 있는 자들로서 본래는 신앙의 세속화를 방지하고 정결한 삶을 살아가려는 선한 의도에서 조직되었다. 그러나 이런 의도가 점차 변질되어 본질이 흐려지고 외식과 형식에 치우지게 되어 성경에서는 이들을 외식주의자의 대명사로 취급하고 있다.

이들이 침례 현장에 나온 것은 진정한 회개에 관심이 있었던 것이 아니라 자신들이 경건하다는 증거를 사람들에게 보이기 위해 사람들의 눈을 의식해서 마지못해 나타난 것이다.

한편 사두개인은 모세 오경 외의 다른 전승들은 다 부정할 뿐 아니라 부활도 믿지 않는 매우 현세주의적인 사회 지도층으로, 정치·경제적으로 상당한 영향력을 행사하는 신분이다.

침례 요한은 하나님을 모르는 자들이 아니라 당시 하나님을 잘 알고 잘 섬긴다고 자부하는 종교, 정치, 사회 지도자들을 "독사의 자식들"이라고 신랄하게 책망하고 있는 것이다.

당시의 바리새인과 사두개인을 '독사의 자식'에 비유한 것은 겉으로는 하나님의 선민으로 경건한 체하지만 실제로는 하나님의 일에 악의와 적의가 가득 차 있음을 책망한 것이다. 그들은 스스로 아브라함의 자손이라 자랑하고 있지만, 침례 요한은 그들이 에덴동산에서 아담과 하와를 유혹해서 죄를 짓게 한 뱀의 후예들과 같이 믿는 자를 유혹하여 넘어지게 하는 자라고 경고했다.

회개는 단순히 죄의 고백으로만 되는 것이 아니라 반드시 그에 합당한 열매를 수반해야 한다. 사람이 진정으로 회개했다는 필연적인 증거는 예수 이름으로 세례를 받는 것인데 이는 교회와 하나님 앞에 회개한 믿음대로 살겠다는 신앙을 결단한 것이므로 진정으로 회개한 자는 회개하기 전과 후의 삶의 모습이 확연히 다를 수밖에 없다.

회개하는 자가 바리새인이나 사두개인처럼 진실한 회개를 하지 않고 겉으로만 회개한 척한다면 이는 예수 이름으로 세례받은 것이 아니므로 죄 사함을 얻을 수 없으며 성령을 선물로 받을 수도 없다. 그러므로 사람이 회개에 합당한 열매를 맺으려면 오직 마음을 새롭게 해서 변화를 받아야 한다.

바리새인들과 사두개인들은 회개했다고 말하면서 입술로는 자신들의 믿음을 자랑하고 믿음이 좋은 것처럼 행동했다. 그러나 마음으로는 하나님을 사랑하지 않았을 뿐 아니라 죄 사함을 얻고 거듭나서 믿음으로 의롭다 하심을 받으려 하지 않고 율법의 행위로 의로워짐을 주장했는데, 이는 성령으로 거듭나지 못했기 때문이다.

그러므로 회개하여 예수 이름으로 세례를 받고 죄 사함을 얻어 다시 태어나서 성령을 받아야 회개에 합당한 열매를 맺을 수 있다. 이와 같이 내주하시는 성령은 회개에 합당한 열매를 맺게 한다.

만일 어떤 사람이 구원을 얻었다고 하면서 이전과 동일하게 일상적으로 더러운 말을 하거나 과거처럼 악독하고 노하고 분내며 훼방하는 습관을 버리지 못하고 있다면 그는 회개에 합당한 열매를 맺지 못하고 있는 것이며 이는 성령을 근심하게 하고 있는 것이다.

성령께서는 구원 얻은 자의 안에 살아 계시므로 그는 곧 하나님의 성전이다. 그러므로 구원 얻은 자가 죄(죄악)로 몸과 마음을 더럽히는 것은 하나님이 계신 성전을 더럽히는 것이다. 사람이 하나님의 성전을 더럽히면서 어떻게 하나님과 교제할 수 있겠는가?

구원 얻은 자 속에 계시는 성령께서는 그가 섬겨야 할 유일하신 참 하나님은 오직 한 분, 하나님 밖에 없다. 그 하나님께서 예수 그리스도를 구원자로 보내 주셨으므로 그를 인생의 주인으로 모시고 말씀에 순종해서 회개에 합당한 열매를 맺어야 한다.

그렇지 않다면 구원은 물론 영생도 보증할 수 없다. 이와 같이 구원 얻은 자의 마음속(내주하심)에 계신 성령은 구원 얻은 자를 하나님 말씀으로 인도하셔서 회개에 합당한 열매를 맺게 하시고 하나님께 영광을 돌리는 예수의 제자로 살아가게 하신다.

둘째, 구원 얻은 자 속에 계신 성령은 산 제사를 드리게 하신다.

[롬12:1] 그러므로 형제들아 내가 하나님의 모든 자비하심으로 너희를 권하노니 너희 몸을 하나님이 기뻐하시는 거룩한 산 제사로 드리라 이는 너희의 드릴 영적예배니라 [2] 너희는 이 세대를 본받지 말고 오직 마음을 새롭게 함으로 변화를 받아 하나님의 선하시고 기뻐하시고 온전하신 뜻이 무엇인지 분별하도록 하라

예수께서 제자들과 함께 사마리아의 수가라고 하는 동네에 도착했을 때 제자들은 음식을 사러 동네로 들어갔고 예수님은 피곤하여 혼자서 우물가에 앉아 쉬었다. 이때 사마리아 여자 하나가 물을 길러 왔다.

예수님께 복음을 듣던 그 여인은 예수님이 선지자인 줄 알게 되

자 "우리 조상들은 이 산에서 예배하였는데 당신들은 예배할 곳이 예루살렘에 있다."라고 하며 신앙 상담을 했다.

예수께서는 "이 산에서도 말고 예루살렘에서도 말고 너희가 아버지께 예배할 때가 올 것이다."라고 하시면서 "아버지께 참으로 예배하는 자들은 신령과 진리로 예배할 때가 올 것인데 그때는 바로 내가 주는 영생하도록 솟아나는 샘물을 먹어야 한다."라고 하셨다.

예수님은 사마리아 우물가에서 만난 그 여인에게 "하나님은 영이시므로 신령과 진리로 참 예배하는 자들을 찾으시는데 이는 산 제사, 즉 몸(삶의 모습)으로 드리는 예배라고 하셨다. 이 예배는 성령으로가 아니면 불가능하다."라고 하시면서 "성령의 인도하심에 순종하지 않으면서 예배하는 자는 알지 못하는 우상에게 예배하는 것과 다름없다."라고 하셨다.

사람들은 좀 더 성숙한 인간으로 발돋움하기 위해 인격을 수양하고 때로는 격리된 생활을 하며 수행하지만 인간의 노력으로는 약간의 유익만 있을 뿐 근본 심성은 변하지 않는다.

사람이 사람의 마음을 변화시킬 수 있는 방법이 있다면 그것이야말로 인간이 행복하게 살 수 있는 가장 유일하고 획기적인 방법일 것이다. 그러나 그것은 하나님만 가능하시다. 왜냐하면 인간은 하나님의 영광을 위하여 하나님의 찬송을 부르게 하려고 하나님께서 빚으신 존재이기 때문이다.

구원 얻은 자 속에 계신 성령은 그를 하나님 말씀으로 인도해서 육신을 좇아 이 타락한 세대를 본받지 않고 성령을 좇아 오직 마음을 새롭게 변화받도록 인도하신다. 그래서 구원 얻은 자로 하여금 하나님의 선하시고 기뻐하시고 온전하신 뜻이 무엇인지 분별하여 회개에 합당한 열매를 맺게 하시고 그 몸을 하나님이 기뻐하시는 산 제사로 드리게 하신다.

이와 같이 구원 얻은 자 속에 계신 성령은 구원 얻은 자로 하여금 회개에 합당한 열매를 맺어 하나님이 기뻐하시는 뜻에 따라 몸으로 산 제사를 드리며 살아가도록 인도하신다.

성령이 함께하심은 성령의 충만함이다

[엡5:17] 그러므로 어리석은 자가 되지 말고 오직 주의 뜻이 무엇인가 이해하라 [18] 술 취하지 말라 이는 방탕한 것이니 오직 성령의 충만을 받으라

□ 성령으로 충만함

성령을 받으면 내적으로 성령 충만한 상태가 되고 외적으로는 성령으로 세례받는다. 그러므로 성령으로 세례받으려면 먼저 내적으로 성령의 충만한 상태가 되어야 한다. 내적으로 성령 충만한 상태가 아니면 성령으로 세례받을 수 없기 때문이다.

나는 예수를 믿기 전에 일주일에 2~3일 정도는 퇴근 후 친구들과 술에 취해 지냈다. 다른 사람은 어떤지 모르겠지만 내 경우에는 술에 취하면 세상 근심, 걱정은 다 떠나가고 그 넓고 높은 하늘도 돌짝만 하게 보였다. 아무리 어렵고 골치 아픈 일도 아무것도 아닌 것처럼 생각되며 자신감이 충만하고 세상 두려울 것 없이 담대해

졌다. 그래서 술에 취하면 책임질 수 없는 말을 하게 됐고 하지 말아야 할 행동도 했다. 그러고는 술이 깬 다음 날 후회를 했다. 술에 취한 상태는 이와 같이 순간의 염려, 근심을 잊게 할 뿐 아니라 담대함을 주었다.

그런 내가 예수를 믿고 성령 충만함을 받고 보니 그 상태가 마치 술에 취한 상태와 거의 비슷했다. 그래서 성경 '엡5:18'에서 성령 충만을 술 취함에 비유하면서 "술 취하지 말라. 이는 방탕한 것이니 오직 성령 충만을 받으라."라고 하신 것 같다.

술 취한 사람의 언행은 인간의 부족하고 미련한 소치라서 수습할 방법이 없지만 성령에 취해서(성령 충만해서) 한 언행은 하나님께서 주신 믿음으로 한 것이므로 하나님께서 책임져 주신다.

성령으로 충만함은 컵에 물이 가득 차 넘치기 직전의 상태로, 컵을 들고 조금만 움직여도 그 물이 흘러넘치게 되는 상황이나 마찬가지다. 그러므로 성령 충만한 상태에서 사역을 할 때 성령의 역사가 나타난다. 성령 충만은 죄 사함을 얻고 성령을 선물로 받을 때 (구원 얻을 때) 받게 되고 이때 성령으로 세례도 받는다.

□ 성령의 재충만

[눅11:9] 내가 또 너희에게 이르노니 구하라 그러면 너희에게 주실 것이요 찾으라 그러면 찾을 것이요 문을 두드리라 그러면 너희에게 열릴 것이니 [10] 구하는 이마다 받을 것이요 찾는 이가 찾을 것이요 두드리는 이에게 열릴 것이니라 [11] 너희 중에 아비 된 자 누가 아들이 생선을 달라 하

면 생선 대신에 뱀을 주며 [12] 알을 달라 하면 전갈을 주겠느냐 [13] 너희가 악할지라도 좋은 것을 자식에게 줄줄 알거든 하물며 너희 천부께서 구하는 자에게 성령을 주시지 않겠느냐 하시니라

앞의 본문에서는 "자식이 생선을 달라고 하는데 생선 대신 뱀을 주거나 알을 달라고 하는데 전갈을 줄 아비는 없다."라며 아무리 악할지라도 자식에게만큼은 세상에서 가장 좋은 것을 주고 싶어 하는 것이 아비 된 자의 마음이라고 하셨다.

세상에 악한 자도 자기 자식에게만큼은 최고로 좋은 것을 주고 싶어 하는데 "하늘에 계신 우리 아버지께서 그 자녀가 성령을 구하는데 주시지 않을 리가 없다."라고 하시며 우리에게 성령 충만(재충만, 이는 선물이나 세례가 아니다)을 위해 "구하고 찾고 두드리라."라고 강권하셨다.

성령의 재충만은 성령으로 세례를 받은 자가 성령으로 다시 충만하기 위해 말씀을 듣거나 보고 찬양과 기도를 할 때 처음 성령으로 충만했을 때처럼 다시 충만해지는 상태를 말한다. 이는 성령으로 세례를 받은 이후 성령 충만을 구할 때마다 반복적으로 일어나는 현상이며 이때 처음 성령으로 세례받을 때처럼 권능이 충만하게 된다.

성령을 받는 것(선물과 세례)은 사람이 구하거나 어떤 조건을 충족해야 받을 수 있는 것이 아니고 "누구든지 죄 사함을 얻으면 구원의 선물로 받는다."라는 아버지의 약속의 말씀을 믿음으로 받는 것이며 이는 단회적인 사건이다.

이에 비해 성령의 충만은 반복적인 것으로, 이미 구원을 얻고 성

령 세례를 받았던 자가 구하고 찾고 두드리듯 기도해서 처음 성령 충만이 했던 때와 동일한 충만함을 유지하는 것이다. 이 충만함을 항상 유지하기 위해서는 늘 기도해야 한다.

□ **성령으로 충만해야 할 이유**(요4:12~13, 22~24)

[요 4:22] 너희는 알지 못하는 것을 예배하고 우리는 아는 것을 예배하노 니 이는 구원이 유대인에게서 남이니라 [23] 아버지께 참으로 예배하는 자들은 신령과 진정으로 예배할 때가 오나니 곧 이때라 아버지께서는 이 렇게 자기에게 예배하는 자들을 찾으시느니라 [24] 하나님은 영이시니 예배하는 자가 신령과 진정으로 예배할지니라

서문 첫머리에서 "신앙생활만 잘하면 되지 꼭 성령을 받아야 합 니까?"라고 했던 어떤 사람처럼 예수를 믿는다고 교회 출석은 하는 데 아버지가 약속하신 성령에 대해서 알지 못하거나 무관심하고 필 요성을 느끼지 못한다면 이는 성령이 충만하지 않은 것이다.

교회에 다니며 예배를 드리고 기도하고 헌금도 하며 여러 행사에 참석하지만 성령의 인도하심과 무관한 생활을 한다면 이는 사마리 아 수가성 우물가의 목마른 여인처럼 '알지 못하는 것(우상)'에 대하 여 예배하고 있는 것이다. 왜냐하면 성령을 통해서가 아니면 아버 지가 원하시는 참 예배, 즉 하나님이 기뻐하시는 산 제사를 드릴 수 없기 때문이다(요4:23~24).

성령의 인도하심과 무관한 교회 생활은 하나님과 상관없는 종교

활동에 지나지 않는다. 사람이 하나님과의 모든 관계(신앙생활)는 그리스도 예수로 말미암은 성령의 인도하심 없이는 불가능한 것이므로 성령으로 충만해야 한다.

'롬8:9'에서는 "만일 너희 속에 누구든지 그리스도의 영(성령)이 없으면 그리스도의 사람이 아니라."라고 말씀하고 있다. 이는 교회의 구성원일지라도 자기 인생에 예수 그리스도를 주인(성령)으로 모셔 들이지 않았다면 그리스도인이 아니라는 말씀이다.

왜냐하면 만일 어떤 사람 속에 성령이 계시지 않는다면 그는 예수 그리스도가 어떤 분이고 누구인지 모를 뿐 아니라 그의 인도함을 받을 수도 없으므로 하나님 뜻대로 살 수 없고 이전처럼 자기 생각과 뜻대로만 살 것이기 때문이다.

예수님은 성령을 구하는 자에게 '성령(충만)'을 주시겠다고 하시면서 "구하고 찾고 두드리라."라고 하셨다(눅11:9~13). 그러므로 성령으로 충만하지 않다면 말씀대로 '구하고 찾고 두드려야 할 것'이다.

이는 성령을 달라고 떼를 쓰듯 애걸복걸하라는 것이 아니라 성령으로 충만하지 않을 때는 언제든지 채워 달라고 구하라는 것이다. 아버지께서 주시겠다고 약속하셨으니 약속의 말씀을 믿고 구하면 마침내 주실 것이다.

예수님은 '막11:24'에서 우리가 구하는 것에 대한 믿음에 관하여 "그러므로 내가 너희에게 말하노니 무엇이든지 기도하고 구하는 것은 받은 줄로 믿으라. 그리하면 너희에게 그대로 되리라."라고 하셨다.

구원 얻은 자가 성령으로 충만해야 성령을 좇아 하나님을 기쁘게 하고 하나님의 법에 순종할 수 있다.

하나님의 말씀과 성령

[고전2:9] 기록된바 하나님이 자기를 사랑하는 자들을 위하여 예비하신 모든 것은 눈으로 보지 못하고 귀로도 듣지 못하고 사람의 마음으로도 생각지 못하였다 함과 같으니라 [10] 오직 하나님이 성령으로 이것을 우리에게 보이셨으니 성령은 모든 것 곧 하나님의 깊은 것이라도 통달하시느니라 [11] 사람의 사정을 사람의 속에 있는 영 외에는 누가 알리요 이와 같이 하나님의 사정도 하나님의 영 외에는 아무도 알지 못하느니라 [12] 우리가 세상의 영을 받지 아니하고 오직 하나님께로 온 영을 받았으니 이는 우리로 하여금 하나님께서 우리에게 은혜로 주신 것들을 알게 하려 하심이라

앞의 본문에서 "구원 얻은 자들을 위하여 하나님께서 예비하신 모든 것, 즉 예수 그리스도의 대속을 통한 구원의 은혜는 사람의 눈으로 보지 못하고 귀로도 듣지 못하고 마음으로도 생각지 못하고 오직 성령으로만 볼 수 있다."라고 하셨다.

그래서 하나님의 말씀을 증거할 때는 다만 성령의 나타남과 그 능력으로 한다. 이는 사람의 속사정을 사람의 속에 있는 영 외에는 아무도 알지 못하는 것과 같이 하나님의 속사정도 하나님의 영이신 성령 외에는 아무도 알지 못하기 때문이다.

그래서 사도 바울은 자기가 예수 그리스도와 그의 십자가에 못박히신 하나님의 말씀을 증거할 때 "인간의 말과 지혜의 아름다운 것으로 하지 않고 다만 성령의 나타남과 능력으로 한다."라고 진술하고 있는 것이다.

하나님 말씀의 능력은 성경에 기록된 말씀 그 자체에 있는 것이 아니다. 사람이 그 기록된 하나님 말씀을 믿고 지킴으로써 성령께서 그 약속하신 말씀대로 현실에서 실제로 이루어지게 하시는 것이다. 성경은 이것을 "하나님의 말씀은 살았고 운동력이 있다(히 4:12)."라고 표현하고 있다.

하나님의 말씀이 살아 있고 운동력이 있다는 것은 하나님께서 구원 얻은 자들을 위하여 예비하신 모든 것을 그들의 눈으로 보고 그들의 귀로 듣고 그들의 마음으로 믿게 해서 그것이 무엇인지 알게 하는 것이다. 이를 알게 하시는 이는 하나님의 속사정을 잘 아시는 성령이시다.

성령이 역사하시는 것은 하나님 말씀 안에서 말씀에 따라서 하는 것이기 때문에 하나님 말씀에 의해 검증된다. 하나님의 말씀과 성령은 따로따로 역사할 수 없는데, 성령은 하나님의 말씀을 증거하고 그 능력을 나타내시는 분이기 때문이다.

그러므로 말씀이 성령(성령 그분과 그의 사역)보다 더 중요하다거나 성령이 말씀보다 더 중요하다는 말은 둘 다 성경에 위배된다. 손바닥 없는 손이 없고 손등 없는 손이 없는 것처럼 말씀과 성령의 역사는 서로 불가분의 관계에 있기 때문이다.

만일 하나님 말씀만 인정하고 성령(성령 그분과 그의 사역)을 종속적인 관계로 치부한다면 이는 "하나님의 말씀이 살았고 운동력" 있게 하시는 성령의 역사를 부정(毁방)하는 것이고 반대로 성령의 권능만 인정하고 하나님의 말씀을 무시한다면 이는 또 성경 말씀에 위배되는 일이며 사단의 계교에 속는 것이다.

성령은 구원 얻은 자와 언제나 함께하시면서 하나님 말씀을 지켜 행하도록 인도하신다. 그러므로 말씀과 성령은 어느 한쪽이 더 중하고 덜 중하다고 논쟁할 대상이 아니고 오직 동일하게 믿고 순종해야 할 대상이다. 말씀 운동을 한다며 성령을 무시하거나 성령 운동을 한다며 말씀을 무시하는 것은 양쪽 다 성경에 부합하지 않는 편협한 행위이다.

하나님의 속사정은 하나님의 영이신 성령 외에는 아무도 알지 못한다. 그러므로 하나님의 말씀과 성령을 분리하거나 두 가지에 차별을 두어서는 하나님의 말씀을 바로 깨달을 수 없을 뿐 아니라 그 능력을 보거나 듣거나 깨달을 수 없다.

하나님 말씀이 없이 성령께서 단독으로 역사할 수 없듯이 성령의 역사 없이 하나님의 말씀이 능력으로 나타나거나 증거될 수 없다. 다시 말하지만 이는 성령께서 모든 것을 하나님의 말씀으로 인도하시고 또 그 말씀을 능력으로 나타내시고 증거하시는 분이기 때문이다(요16:13~14).

하나님께서 이 세상에 예수님 대신 또 다른 보혜사이신 성령 그분을 보내 주신 것은 하나님께서 그를 통하여 자신의 말씀이 살았고 운동력 있는 말씀인 것을 증거하여 하나님의 계획과 섭리를 계시하시고 그 뜻대로 이루어 가시기 위함이다. 그러므로 우리가 하나님을 아는 것은 세상의 지혜와 지식이 아닌 오직 하나님께서 약속으로 보내 주신 성령을 받음으로써 가능해진다.

성령께서 구원 얻은 자와 함께하시는 첫 번째 방법(외적 방법, 즉 외주하심)은 일상생활과 복음 사역의 현장에 주께서 함께 역사하시어 표적을 나타내 주심으로써 말씀을 확실하게 증거해 주시는 것이다. 두 번째 방법(내적 방법, 즉 내주하심)은 구원 얻은 자의 마음속에 계시면서 하나님 말씀을 지켜 행하게 하심으로써 회개에 합당한 열매를 맺게 해서 하나님께 영광 돌리는 예수의 제자로 살아가게 하시는 것이다.

Q. 성령께서는 당신의 일상생활과 사역에 어떻게 함께하시나요?

Q. 성령께서는 당신을 어떻게 인도하시나요?

Q. 당신은 성령 충만을 위해서 어떻게 하시나요?

Q. 성령께서는 당신을 무엇으로 어떻게 인도하시나요?

제7장

왜 성령을 받아야 하는가

[행2:38] 베드로가 가로되 너희가 회개하여 각각 예수 그리스도의 이름으로 세례를 받고 죄 사함을 얻으라 그리하면 성령을 선물로 받으리니 [39] 이 약속은 너희와 너희 자녀와 모든 먼 데 사람 곧 주 우리 하나님이 얼마든지 부르시는 자들에게 하신 것이라 하고 [40] 또 여러 말로 확증하며 권하여 가로되 너희가 이 패역한 세대에서 구원을 받으라 하니

사도 베드로는 '행2:38~40'에서 죄 사함을 얻으면 성령을 선물로 받는 "이 약속"은 하나님께서 선지자 요엘을 통해서 믿음이 없는 타락한 세대에서 구원을 얻는 자 누구에게나 한 것이라고 했다. 다시 말해서 성령은 구원 얻은 자 누구에게나 주시는 하나님의 선물이라는 의미이다.

성령을 선물로 받는 것은 하나님의 어떤 능력이나 기도 응답 또는 환상이나 감정의 상승 작용 또는 육체의 이상 현상 등 추상적인 경험이 아니다. 하나님께서 죄를 사해 주셨다는 확신의 믿음으로 인해 하나님 아버지께서 예수 이름으로 보내 주신 "또 다른 보혜사"

이신 성령 그분이 영원토록 함께하시는 것에 대한 믿음이다.

성령을 받았다는 것은 하나님 아버지께서 구원 얻은 자 누구에게나 주시겠다고 약속하신 바로 그분을 받은 것이며 그분을 받은 자는 그분(성령)을 자기 인생에 주인으로 모시어 들인 것이다.

이로 인하여 성령께서는 그의 모든 일상생활과 사역에 함께 활동하시며 예수 증인의 권능(은사)을 나타내 주신다. 또 그 마음속에 계시면서 그의 구원을 인치시고 보증하셔서 회개에 합당한 열매를 맺어 신령과 진리의 산 제사로 하나님께 영광 돌리게 하시며 예수의 제자로 살아가게 하신다.

성령을 받는 것은 아버지께서 약속하신 "또 다른 보혜사"이신 성령 '그분'을 받는 것(모시어 들임)이고 '행1:8'의 권능을 받는 것(성령세례)은 성령 그분이 오신(받음, 모시어 들임) 결과로 나타나는 현상이다.

성령받음의 의미

첫째, 성령받음은 주님을 사랑한다는 증거다.

[요14:15] 너희가 나를 사랑하면 나의 계명을 지키리라 [16] 내가 아버지께 구하겠으니 그가 또 다른 보혜사를 너희에게 주사 영원토록 너희와 함께 있게 하시리니

예수님은 이 본문에서 "나를 사랑하는 자에게 또 다른 보혜사를

보내 주셔서 영원토록 함께 있게 하시겠다."라고 약속하시고 "사람이 만일 나를 사랑하면 내 말을 지킬 것"이라면서 "내 아버지께서도 나를 사랑하는 그를 사랑하심은 물론 아버지와 내가 그와 거처를 함께할 것이다."라고 약속하셨다(요14:23).

사람은 자기가 사랑하는 사람의 말을 계명과 같이 여기고 그의 말을 무시하지 않고 기쁜 마음으로 자원하여 지킨다. 그래서 예수님은 "너희가 나를 사랑하면 내 계명을 지키리라."라고 하셨고 아버지께 "의롭다" 하심을 받고 죄 사함 얻은 자를 믿어주신다.

예수께서 아버지의 계명을 지켜 아버지의 사랑 안에 거하신 것처럼 누구든지 주님의 계명을 지키면 주님 사랑 안에 거하는 것이다(요15:10). 예수를 사랑한다는 증거는 그가 말씀하신 계명을 지키는 것이기 때문이다.

예수님께서는 '요13:34~35'에서 아버지께로 가시기 전 제자들에게 "내가 너희를 사랑한 것 같이 너희도 서로 사랑하라."라는 새로운 계명을 주시면서 "너희가 서로 사랑해야 모든 사람이 너희가 내 제자인 줄 알게 된다."라고 하셨다.

주께서 우리를 사랑해서 우리 죄를 대신해서 피 흘려 죽으신 은혜를 조금이라도 갚으려는 것이 주님을 사랑하는 것인데, 이는 바로 먼저 구원 얻은 우리가 다른 영혼을 위해 복음을 전하는 것이다. 주님은 나를 어떻게 사랑하셨을까?

나를 사랑해서 나를 위해 자기 몸을 버리신 하나님의 아들 예수님은 나의 죄 때문에 가야바 뜰에 끌려가셨다. 죄 없으신 그는 거룩한 척 폼 잡고 앉아 있는 대제사장과 장로들 앞에 무릎 꿇리고 벌거벗긴 알몸으로 심문을 받으며 온갖 수욕을 다 당했다.

결박당한 채 로마 관정으로 끌려 온 예수님은 빌라도에게 신문을 받고 선고를 받은 후 흉악한 로마 병정에게 채찍질 당하기 시작했다.

갑자기 한 놈이 불쑥 튀어나와 손바닥에 침을 탁 뱉더니 그 더러운 손바닥으로 예수님의 뺨을 후려쳤다. 또 다른 몇 놈은 예수님 뒤로 가더니 주먹으로 뒤통수를 치고 발바닥으로 등을 차고는 "네가 선지자라며? 누가 너를 때렸나 맞혀 봐라."라고 하면서 저희끼리 낄낄거리며 비웃고 조롱했다. 험상궂게 생긴 또 다른 몇 놈은 쇠못으로 만든 가시 면류관을 예수님 머리에 눌러 씌우더니 쇠갈고리가 달린 채찍으로 사정없이 등을 내리쳤다. 미친 듯이 채찍을 내리치던 놈이 지쳤는지 씩씩거리는데 또 다른 놈이 대신 달려들어 채찍을 휘둘러 댔다. 예수님의 머리와 등에서는 검붉은 피가 흘렀고, 피를 본 미치광이들은 마치 먹이를 본 이리 떼처럼 날뛰었다.

조금 진정이 되었는가 싶더니 벌거벗긴 몸에 홍포를 입히고 머리에 갈대를 꽂아 놓고는 엎드려 머리를 조아리고 절하며 "유대인의 왕이여!"라며 조롱했다.

흉악한 로마 병정은 그 더럽고 징그러운 이빨을 내보이며 씩 웃더니 갈대를 뽑아 주님의 머리를 툭툭 치며 "네가 유대인의 왕이냐?"라며 비아냥거렸다. 그리고는 날이 밝자 골고다 언덕으로 끌려가 십자가에 못 박혀 죽으셨다.

주님은 아무 죄도 없으셨지만 나를 죄에서 구원하시기 위해 애매히 온갖 수욕을 다 당하시고 피 흘리도록 채찍을 맞으셨다. 그러나 그는 아무런 핑계나 원망을 하지 않았으며 마침내 친히 십자가에 달려 그 몸으로 나의 죄를 대신 담당하셨다(벧전2:22~24).

주님을 사랑하는 자는 주님의 사랑을 믿고 죄를 회개하여 예수 이름으로 세례를 받고 죄 사함을 얻은 자이다. 이는 그의 옛사람을 예수와 합하여 십자가에 못 박고 예수와 함께 장사된 것이다. 이는 또 죽은 자 가운데서 다시 사신 주님처럼 아버지께서 주신 영원한 생명을 받고 그 생명 가운데서 살려는 신앙의 결단을 한 것이다.

아버지께서는 이렇게 회개하고 신앙을 결단한 자에게 "의롭다"라고 하시며 죄를 용서해 주시고 자기 자녀로 삼아 주셨는데 이는 그가 비록 죄지은 육체 가운데 살지만 그를 사랑해서 그를 위하여 자기 몸을 버리신 하나님 아들을 믿는 믿음 안에 살게 하려 하심이다 (갈2:19~20). 주님을 사랑하는 자는 대신 죽은 예수를 위해 살기로 결단(예수 이름 세례)한 것이므로 주님의 계명을 지키며 살기 위해 힘쓴다.

둘째, 성령받음은 주께서 영원토록 함께하심이다.

[요14:16] 내가 아버지께 구하겠으니 그가 또 다른 보혜사를 너희에게 주사 영원토록 너희와 함께 있게 하시리니

[요14:18] 내가 너희를 고아와 같이 버려두지 아니하고 너희에게로 오리라

예수 그리스도께서는 우리가 죄악으로 하나님과 원수가 되어 경건치 못한 삶을 살고 있었지만 우리를 죄인이라며 징벌을 가하지 않으시고 오히려 우리를 위해 대신 죽으심으로써 하나님의 진노에서 구원을 얻게 하셨다.

예수 그 이름은 '자기 백성을 저희 죄에서 구원하실 자'로 오신 임마누엘이신데 이는 하나님이 구원 얻은 자와 영원토록 함께 계신다는 것이다. 이는 그리스도 예수와 함께 영광을 받기 위하여 죄악과 싸우며 고난받을 때 함께하시면서 위로해 주시고 도와주시며 주님이 다시 오시는 그 날까지 고아와 같이 버려두지 않고 함께 있어 주실 것을 약속하신 것이다.

성령받음은 회개하여 주 예수 이름으로 세례를 받고 죄 사함을 얻는 동시에 아버지의 약속하신 또 다른 보혜사이신 성령께서 구원 얻은 자와 영원히 함께 계시는 것이다. 성령께서 구원 얻은 자와 영원히 함께하신다는 것은 구원 얻은 자가 그를 떠나지 않는 한 하나님은 결코 자기가 구원하신 자를 버리지 않겠다는 약속이다.

이는 구원 얻은 자의 마음속에 계시면서 회개에 합당한 열매를 맺게 해서(인도하심) 산 제사를 드리게 하시며 또 구원 얻은 자와 함께 생활하시면서(거하심) 복음 전파 사역에 함께 역사하시겠다는 의미이다. 구원 얻은 자는 성령 그에게 구속의 그날까지 인침받은 존재이기 때문이다(엡4:30).

셋째, 성령받음은 예수 권능을 덧입음이다.

[마28:18] 예수께서 나아와 일러 가라사대 하늘과 땅의 모든 권세를 내게 주셨으니 [19] 그러므로 너희는 가서 모든 족속으로 제자를 삼아 아버지와 아들과 성령의 이름으로 세례를 주고 [20] 내가 너희에게 분부한 모든 것을 가르쳐 지키게 하라 볼지어다 내가 세상 끝 날까지 너희와 항상 함

께 있으리라 하시니라

성령을 받았다(선물)는 것은 성령께서 구원 얻은 자에게 예수 이름을 가지고 오셨다는 것이다. 이는 그리스도 예수께서 구원 얻은 자의 주인이 된 것으로, 예수 이름의 권세와 능력을 가지고 오신 것이므로 그 권능을 나타내 주시겠다는 말씀이다.

그래서 예수님은 "하늘과 땅의 모든 권세를 내게 주셨으니 그러므로 너희는 가서 모든 족속으로 제자를 삼아 아버지와 아들과 성령의 이름으로 세례를 주라."라고 하시며 "두고 보라 내가 세상 끝 날까지 너희와 항상 함께 있을 것이다."라고 하셨다.

주 예수께서 하늘과 땅의 모든 권세를 받은 것과 제자들이 복음을 전하는 것과 무슨 상관이 있을까?

예수님은 칠십 명의 제자들에게 원수의 모든 능력을 제어할 권세를 주시고 각 고을로 보내시면서 "추수할 일군을 보내 주소서!"라고 하라 하셨다. 보냄을 받은 제자들은 각 고을에 다니면서 병든 자를 고치며 "하나님의 나라가 가까웠다."라고 전파했다.

파송되었던 제자들은 돌아와서 주의 이름으로 귀신들이 쫓겨 가는 것을 보았다며 기뻐했다. 예수님은 제자들이 기뻐하는 이 말을 듣고 "사단이 하늘로서 번개같이 떨어지는 것을 내가 보았다."라고 하시면서 다음과 같이 말씀하셨다.

[눅10:19] 내가 너희에게 뱀과 전갈을 밟으며 원수의 모든 능력을 제어할 권세를 주었으니 너희를 해할 자가 결단코 없으리라

[20] 그러나 귀신들이 너희에게 항복하는 것으로 기뻐하지 말고 너희 이름이 하늘에 기록된 것으로 기뻐하라 하시니라

부활하신 주님은 '막16:15' 이하에서 "믿는 자에게 따르는 표적"을 말씀하시고 하늘로 올리셨는데 제자들이 이 말씀을 믿고 나가 복음을 전할 때 "주께서 함께 역사하시어 그 따르는 표적으로 말씀을 확실히 증거해 주셨다.

구원 얻은 자가 성령을 받음으로써 권능을 덧입는 것을 믿는 자는 누구나 예수 증인이기 때문이다.

성령받음은 아버지의 약속이다

[행2:16] 이는 곧 선지자 요엘로 말씀하신 것이니 일렀으되 [17] 하나님이 가라사대 말세에 내가 내 영으로 모든 육체에게 부어 주리니 너희의 자녀들은 예언할 것이요 너희의 젊은이들은 환상을 보고 너희의 늙은이들은 꿈을 꾸리라 (…) [21] 누구든지 주의 이름을 부르는 자는 구원을 얻으리라 하였느니라(욜2:28~32)

부모는 자식을 낳기도 전부터 자식에게 필요한 물품들을 미리 준비할 뿐 아니라 어떻게 키울까에 대해서도 미리 계획을 세우고 준비해서 자식이 태어나면 온갖 정성과 노력을 기울여 키운다.

부모가 태어날 아기를 위해 미리부터 준비하듯 하나님 아버지께서도 구원 얻은 자기 자녀들을 인치고 보증하시고 또 예수 증인의

권능을 주시기 위해서 성경의 여러 경로를 통해서 성령을 주시겠다고 미리부터 약속하셨다. 왜냐하면 성령이 아니면 하나님의 자녀로 살아갈 수 없기 때문이다.

그래서 하나님 아버지께서는 주님이 다시 오실 그때까지 구원 얻은 하나님의 자녀들을 고아와 같이 버려두지 않고 예수님 대신 영원토록 함께 있을 또 다른 보혜사이신 성령을 보내 주실 것을 계획하시고 약속하셨다.

하나님을 구원자로 섬기는 유대인들은 자기들이 섬기는 하나님께서 구약에 예언하신 대로 유대인들을 위한 메시아를 보내 주셨지만 그들은 자신들의 주와 그리스도 되게 하신 예수를 십자가에 못 박혀 죽게 했다. 그런데도 하나님께서는 그에게 그 파렴치한 죄를 회개하고 그리스도를 위해 살기로 한다면 모든 죄를 용서해 주시고 그 증거로 성령을 선물로 주시겠다고 약속하셨다.

자기 아들을 고의로 죽게 한 자가 용서를 구한다고 해서 용서해 줄 아비가 이 세상에 어디 있겠는가? 더구나 자기 아들을 죽게 한 그 원수를 멸망의 위험에서 건져 주기까지 한다는 것은 상상할 수조차 없는 일이다.

이와 같이 그리스도 예수를 죽게 한 유대인들이 성령을 선물로 받을 수 없는 것은 너무도 당연한 일이다. 그러나 하나님께서는 비록 자기 독생자를 죽게 한 그들일지라도 회개하고 예수 이름으로 세례를 받는다면 기꺼이 죄를 용서하고 성령을 선물로 주시겠다고 하셨다. 이는 하나님 아버지만이 보여 줄 수 있는 사랑이다.

성령을 선물로 받는 것은 이처럼 인간의 어떤 선행이나 공로에 의한 것이 아니고 순전히 "죄 사함 얻으면 누구에게나 성령을 선물로 주겠다."라고 하신 아버지의 약속 말씀에 대한 믿음으로만 가능하다.

성령받음은 주님과 사도의 분부하심이다

□ 예수께서 "기다리라."라고 하신 아버지의 약속

[요16:7] 그러하나 내가 너희에게 실상을 말하노니 내가 떠나가는 것이 너희에게 유익이라 내가 떠나가지 아니하면 보혜사가 너희에게로 오시지 아니할 것이요 가면 내가 그를 너희에게로 보내리니

[표 7-1] 예수께서 말씀하신 "아버지의 약속하신 것"

약속 명칭	현상	결과	성경
또 다른 보혜사	예수께서 주심	영원히 함께	요14:16~18
"기다리라."라고 하신 것	임하심	증인의 권능	행1:4~5, 8

예수께서는 평소에 제자들에게 "내가 아버지께로 가지 않으면 보혜사가 너희에게 오시지 않는다."라고 하시며 "내가 너희를 떠나가는 것이 너희에게 더 유익하다."라고 하셨다. 예수님이 아버지께로 가시면 그 대신 성령이 오셔서 모든 사람의 마음에 영으로 함

께하실 수 있지만 육체를 가지신 예수님은 그러실 수가 없었기 때문이다.

'요14:16~18'에서 예수님은 "나를 사랑하는 자를 고난에서 위로해 주고 돌봐 주기 위해 내 대신 영원히 함께 있을 또 다른 보혜사를 보내 주시겠다."라고 하셨고 부활하신 주님은 '행1:4~5, 8'에서 제자들에게 "예루살렘을 떠나지 말고 아버지의 약속하신 것"을 기다리라고 하셨다.

> [행1:4] 사도와 같이 모이사 저희에게 분부하여 가라사대 예루살렘을 떠나지 말고 내게 들은바 아버지의 약속하신 것을 기다리라 [5] 요한은 물로 세례를 베풀었으나 너희는 몇 날이 못 되어 성령으로 세례를 받으리라 하셨느니라 [8] 오직 성령이 너희에게 임하시면 너희가 권능을 받고 예루살렘과 온 유대와 사마리아와 땅끝까지 이르러 내 증인이 되리라 하시니라

제자들은 예수님께서 분부하신 대로 예루살렘 성전 앞 광장 주변의 한 집에 모여 있다가 예수님이 아버지께로 가신 후 열흘째 되는 오순절 날 성령이 강림하심으로써 모두 성령의 충만함을 받았다. 그리고 그가 말하게 하심을 따라 다른 방언으로 말하기 시작했다.

예수께서 제자들에게 "아버지의 약속하신 것"을 기다리라고 하신 것은 세례 요한이 요단강에서 경건한 유대인들에게 죄(자범죄)를 회개케 하기 위해 주었던 물세례와는 다른 "성령과 불세례"이다.

이 세례는 성령이 임하심으로써 권능을 받고 땅끝까지 이르러 예수 증인이 되게 하는 세례다. 예수께서 제자들에게 "예루살렘을 떠

나지 말고 기다리라."라고 하신 아버지가 약속하신 성령은 예수께서 제자들에게 마지막으로 분부하신 것이다.

그러므로 하나님께 예수 이름으로 예배를 드리면서 아버지께서 예수님 대신 보내 주신 성령을 모르거나 관심이 없거나 필요하지 않다고 한다면 그가 교회를 출석하며 신앙생활을 하려는 이유는 무엇일까? 그것이 궁금하다.

□ 사도 베드로가 말한 하나님이 하신 "이 약속"

[행2:38] 베드로가 가로되 너희가 회개하여 각각 예수 그리스도의 이름으로 세례를 받고 죄 사함을 얻으라 그리하면 성령을 선물로 받으리니 [39] 이 약속은 너희와 너희 자녀와 모든 먼 데 사람 곧 주 우리 하나님이 얼마든지 부르시는 자들에게 하신 것이라 하고 [40] 또 여러 말로 확증하며 권하여 가로되 너희가 이 패역한 세대에서 구원을 받으라 하니

[표 7-2] 사도 베드로가 증거한 "이 약속"

약속의 내용	조건	결과	성경
이 약속(성령)	죄 사함	구원의 선물	행1:4~5, 8

오순절 날 예루살렘 성전 앞 광장에는 수많은 유대인과 이스라엘 주변 각 나라에서 온 경건한 순례객들(교포 2세)이 운집해 있었다. 이때 주변국에서 온 경건한 순례자들은 예수의 제자들이 자기

들이 살고 있는 각 나라 말로 말하는 것을 듣고 놀라서 "이것이 어찌 된 일이냐?"라고 하며 이상하게 생각한 반면 어떤 유대인들은 "저들이 대낮부터 새 술에 취해서 횡설수설한다."라고 조롱하기도 했다.

이런 분위기를 감지한 베드로와 열한 사도는 군중을 향하여 "너희가 십자가에 못 박은 이 예수를 하나님이 너희의 주와 그리스도 되게 하셨다."라고 외치며 "너희가 회개하여 각각 예수 그리스도의 이름으로 세례를 받고 죄 사함을 얻으라. 그리하면 (너희도 우리와 같이) 성령을 선물로 받는다."라고 외쳤다(행2:38). 이날 이 외침을 듣고 회개해서 예수의 "제자가 된 자가 삼천 명이 넘었다."라고 '행2:41'은 기록하고 있다.

베드로가 '행2:38~39'에서 증언한 이 약속은 하나님 아버지께서 선지자 요엘을 통해서 "이 패역한 세대에서 구원 얻은 자 누구에게나 하신 약속"이라고 말씀하고 있다. 이는 죄 사함을 얻은 자 누구에게나 거저 주시는 구원의 선물인데, 바로 "성령" 그분을 주인으로 모셔 들이는 것이다.

세례 요한은 요단강에서 유대인들에게 죄를 회개케 하기 위한 물세례를 주면서 장차 능력이 많은 이가 와서 "성령과 불"로 세례를 주실 것이라고 했는데 사도들과 제자들은 오순절 날 아버지가 약속하신 이 세례를 받고 담대해져 즉시 예수를 증거했다.

유대인들이 무서워 두려움에 떨며 예수를 전하지도 못하고 숨어 지내던 제자들이 갑자기 돌변하여 두려움을 떨쳐 버리고 목숨 걸고 담대하게 예수를 외쳤던 것은 오순절 날 성령으로 세례를 받은 결과였다.

이 성령을 경험한 제자들이 오늘날 무기력한 교회 구성원들에게 성령을 받으라고 성경을 통하여 강력하게 외치고 있는 것이다.

만일 누구든지 성령을 받지 않았다면

[롬8:9] 만일 너희 속에 하나님의 영이 거하시면 너희가 육신에 있지 아니하고 영에 있나니 누구든지 그리스도의 영이 없으면 그리스도의 사람이 아니라 [10] 또 그리스도께서 너희 안에 계시면 몸은 죄로 인하여 죽은 것이나 영은 의를 인하여 산 것이니라

인간은 연약하여 율법을 지킬 수 없지만 그러나 하나님께서는 인간의 모든 죄를 자기 아들 그리스도 예수에게 담당시키셨는데 이는 인간으로 하여금 육신을 좇지 않고 성령을 좇아 행하는 구원 얻은 자에게 율법을 이루게 하려 하심이다.

육신을 좇는 자는 육신의 일을 생각하고 영을 좇는 자는 영의 일을 생각하는데 육신의 생각은 하나님과 원수가 되어 하나님의 법에 굴복하지 아니할 뿐 아니라 할 수도 없으므로 하나님을 기쁘시게 할 수 없다. 그러므로 육신의 생각의 결국은 죄의 심판으로 인한 사망이고 영의 생각은 하나님이 주시는 영생과 평안이다(롬 8:5~8).

그러므로 만일 누구든지 그리스도 예수를 구원자로 믿으면 그는 결코 정죄받지 않는데 이는 그의 믿음 안에 있는 생명을 살리시는 성령의 법이 죄로 인한 사망의 법에서 그를 해방하였기 때문이다.

만일 어떤 사람이 성령의 인도하심을 받으면 그는 육신에 있지 않고 영에 있는 것이다. 그러므로 누구든지 성령의 인도하심을 받지 않는다면 그 안에 그리스도의 영인 성령이 없는 것이므로 그 사람은 그리스도의 사람이 아니다.

또 그 사람이 그리스도 예수를 구원자로 믿으면 성령께서 그 사람 안에 계신 것이므로 그의 몸(육신)은 죄(원죄, 자범죄)로 인하여 죽은 것이지만 그 영(영혼)은 의를 인하여(하나님께서 의롭다 하심) 산 것이다.

첫째, 만일 누구든지 성령을 받지 않았다면 그는 성령의 인도하심에 순종하지 못한다.

> [롬8:13] 너희가 육신대로 살면 반드시 죽을 것이로되 영으로써 몸의 행실을 죽이면 살리니 [14] 무릇 하나님의 영으로 인도함을 받는 그들은 곧 하나님의 아들이라 [15] 너희는 다시 무서워하는 종의 영을 받지 아니하였고 양자의 영을 받았으므로 아바 아버지라 부르짖느니라 [16] 성령이 친히 우리 영으로 더불어 우리가 하나님의 자녀인 것을 증거하시나니

만일 어떤 사람이 육신의 정욕을 채우기 위해서 못된 행실을 버리지 못하고 세상 자랑을 위해 죄악 속에서 방황한다면 그는 하나님 나라를 유업으로 받을 수 없을 것이다. 그러나 육신의 행실을 죽이고 하나님의 영으로 인도함을 받아 성령을 좇아 산다면 그는 곧 하나님 나라를 상속받을 하나님의 자녀임이 확실하다.

구원 얻지 못한 자는 성령을 받지 않고 무서워하는 세상의 영을

받은 것이므로 성령을 모르기 때문에 성령께 순종하지 못하고 무서워하는 세상의 영에 이끌리어 죄의 종노릇하며 사망의 두려움 속에 떨며 산다. 그러므로 그의 결말이 멸망인 것은 너무도 당연한 것이다.

예수님은 '요14:17'에서 "성령은 진리의 영인데 믿지 않는 자는 성령의 역사하심을 보지도 못하고 알지도 못하므로 성령을 받을 수 없지만 그러나 구원 얻은 자들은 그를 알기 때문에 성령 그분께서 그와 함께 일하시고 또 그의 마음속에서 회개의 합당한 열매를 맺도록 인도하신다."라고 하셨다.

구원 얻은 자에게 오신 성령은 친히 구원 얻은 자의 영과 더불어 그가 하나님의 자녀인 것을 증거하실 뿐 아니라 하나님의 말씀으로 인도하신다. 그러므로 만일 성령을 받지 않았다면 그는 자신이 구원 얻은 하나님의 자녀임을 알 수도 증명할 수도 없는데 이는 사람이 구원 얻은 하나님의 자녀임을 증거해 주시는 이가 성령이기 때문이다.

그러므로 만일 성령을 받지 않았다면 그는 성령의 인도하심에 순종하지 못할 뿐 아니라 할 수도 없으므로 하나님의 자녀가 아니다.

둘째, 만일 성령을 받지 않았다면 그는 신령과 진정의 산 예배를 드릴 수 없다.

[요4:23] 아버지께 참으로 예배하는 자들은 신령과 진정으로 예배할 때가 오나니 곧 이때라 아버지께서는 이렇게 자기에게 예배하는 자들을 찾

으시느니라 [24] 하나님은 영이시니 예배하는 자가 신령과 진정으로 예배할지니라

하나님께서 인간에게 기대하시는 예배는 인간의 행위의 공적을 보시고자 하심이 아니라 인간이 스스로 해결할 수 없는 죄의 고통을 하나님께 호소하고 용서받기를 원하시는 것이다.

사람들은 하나님을 "사랑한다."라고 말하면서 하나님을 찬양하고 그분께 영광을 돌린다고 하지만 그들의 삶에서 하나님을 사랑하는 모습(열매)을 찾아볼 수가 없다. 그들은 사마리아 수가성 우물가의 여인처럼 자기가 만들어 낸 편리한 방법에 따라 자기 취향대로 하나님을 사랑하기 때문이다.

그들은 하나님을 기쁘게 해 드리기 위해서 하나님께서 원하시고 기대하시는 방법대로 하나님을 높이고 경배하고 찬양하지 않는다. 자기의 기쁨과 즐거움을 위해 자기의 취향에 맞는 방법과 편리한 수단을 교훈 삼아 하나님을 찬양하고 경배하는 것이다.

만일 사람이 그 마음에 죄악을 품고 주께 예배하면 하나님은 그 예배를 받지 않으신다고 하셨다. 사람이 만일 성령을 받지 않으면 마음에 품은 죄악을 해결할 수 없으며 그로 인하여 죄악을 품은 채 예배하는 것이므로 그는 신령과 진정의 산 예배를 드릴 수 없다. 이는 그 자신의 마음과 그 마음을 아시는 하나님을 속이는 것이므로 하나님께 정직하지 못한 것이다.

어떤 사람이 다른 사람에게 자기 마음을 속이고 접근할 때 부족하고 연약한 인간은 그 사람의 속마음을 알 수 없지만 사람의 머리털까지 세시는 전지전능하신 하나님은 보이지 않는 사람의 모든 속

마음을 꿰뚫어 보신다.

"하나님의 말씀은 인간의 혼과 영과 및 관절과 골수를 찔러 쪼개기까지 하며 또 사람의 마음의 생각과 뜻을 감찰하신다. 그래서 그가 지으신 모든 피조물은 하나라도 그 앞에 벌거벗은 것처럼 드러나지 않는 것이 없다."라고 하셨다.

그런데도 어떤 사람들은 하나님이 보이지 않는다며 자신의 마음을 속이고 하나님을 사랑한다고 말하며 위장된 거룩한 모습으로 찬양한다. 또한, 마음에 죄를 품은 채 하나님께 나아가 자신의 죄악된 삶의 모습을 감추고 속인다. 그러나 하나님께서는 이를 다 알고 계신다.

시편 기자는 '시17:1'에서 "하나님 앞에 나아가 바르게 살려고 애쓰는 나의 하소연을 들어 주소서."라고 하며 말씀대로 살기를 힘쓰는 나의 거짓 없는 부르짖음을 들어 달라고 호소하고 있다. 기도자는 하나님께 자신의 정직함을 인정해 달라고 호소하고 있는 것이다.

하나님이 찾으시고 기뻐하시는 참된 예배는 세상이 추구하는 세상 자랑을 위해 세상을 따라 살지 않고 오직 마음을 새롭게 함으로써 변화를 받아 하나님의 선하시고 기뻐하시고 온전하신 뜻이 무엇인지 분별하며 하나님을 섬기는 것이다. 그렇게 되면 하나님의 방법대로 사는 것이 실제로 얼마나 자유롭고 평안한지 알게 될 것이다.

예수님은 알지도 못하는 신에게 예배하는 사마리아 수가성 우물가의 목마른 여인에게 아버지께 신령과 진정으로 예배할 때가 오는데 그때는 바로 "내가 주는 영생하도록 솟아나는 샘물과 같은 성령을 받은 때"라고 말씀하고 있다.

그러므로 누구든지 성령을 받지 않고는 하나님이 원하시는 신령과 진리로 산 예배를 드릴 수 없다.

셋째, 만일 성령을 받지 않았다면 그는 그리스도인이 아니다.

[롬8:9] 만일 너희 속에 하나님의 영이 거하시면 너희가 육신에 있지 아니하고 영에 있나니 누구든지 그리스도의 영이 없으면 그리스도의 사람이 아니라

만일 어떤 사람이 성령을 받지 않았다면 그 사람 속에는 하나님의 영이 거하시지 않으므로 육신에 속해 있는 것이다. 육신에 속한 자는 육신을 좇아 육신의 일만 생각한다. 육신의 생각은 하나님과 원수가 되어 하나님의 법(성령의 법)에 굴복하지 않을 뿐 아니라 할 수도 없으므로 하나님을 기쁘게 할 수 없다. 그러므로 하나님께서 구원 얻은 자기 자녀에게 성령을 주시지 않을 이유가 없다.

영의 일을 생각하고 영의 일을 하는 자는 이 땅에서의 삶이 비록 좁은 길일지라도 그리스도 예수에게 생명을 빚진 자로서 육신을 좇지 않고 성령을 좇아 살기 때문에 하늘나라의 영원한 생명과 평안을 얻는다.

만일 그리스도 예수를 죽은 자 가운데서 살리신 하나님의 영이신 성령이 그 안에 계시면 그의 영(성령)으로 말미암아 그의 죽을 몸도 그리스도 예수처럼 죽은 자 가운데서 다시 살리신다(부활).

그러나 만일 어떤 사람이 성령을 받지 않았다면 그는 하나님의

자녀가 아니므로 하나님으로부터 영으로 인도를 받을 수 없다. 또한, 성령을 받지 않았다면 그는 그리스도인이 아니며 하나님의 아들도 아니다. 그는 자신이 구원 얻은 사실을 믿을 수가 없으므로 자신의 구원을 증거하지도 못하며 더구나 예수 증인이 되는 것도 불가능하다. 왜냐하면 예수를 증거하시는 이가 성령이시기 때문이다. 그러므로 아버지께서 구원 얻은 자녀에게 성령을 주시지 않는 것은 상상할 수도 없는 일이다. 구원 얻은 하나님의 자녀가 성령을 받는 것은 필수적이다.

성령받음과 이 세대의 교회들

성령께서는 구원 얻은 자로 하여금 예수 증인으로 복음을 전하게 하신다. 또한, 교회를 섬기는 봉사를 하게 하시고 개인의 일상생활에 함께하시면서 하나님의 말씀으로 인도해서 회개에 합당한 열매를 맺게 하신다.

교회 구성원들의 교회를 섬기는 사역이 성령을 통한 것이 아니면 이와 조금도 다름이 없다. 그래서 예수님은 "내 이름으로 많은 권능을 행한다고 다 천국 가는 것은 아니다."라고 말씀하셨는데 이는 성령을 통해서가 아니면 사람이 아버지의 뜻대로 사역을 행할 수 없기 때문이다.

아버지께서 구원 얻은 자에게 성령을 주신 것은 그에게 아버지의 뜻을 알게 하고 그 뜻대로 행하게 하기 위함이다. 그러므로 성령이 함께하신다는 것은 아버지께서 함께하신다는 의미이며 이는 곧 구원 얻은 자가 성령께 순종해서 아버지의 뜻대로 살고 그의 뜻대로 사역하게 되는 것이다.

교회 공동체의 어떤 사람들은 성령의 함께하심보다 세상이 인정하는 능력과 도덕을 내세우며 자기 의를 주장한다. 이들은 바리새인처럼 율법에 의한 자신의 의와 공로들을 자랑하지만 사실은 현실과 신앙 사이에서 갈등하고 방황한다. 이는 경건의 모양은 있으나 그 능력은 없기 때문이다. 이들은 무능한 신자가 되어 회개에 합당한 열매를 맺지 못하고 하나님께 칭찬받는 것보다는 사람의 칭찬을 더 의식한다.

그 결과 하나님께 영광을 돌리지도 못한 채 마침내 부러져 밖에 버려진 나뭇가지처럼 마른다. 사람들이 이것을 모아다가 불에 던져 사르듯 그는 영생 유업을 잇지 못하게 될 수도 있다.

오늘날 교회 공동체의 많은 구성원이 아버지가 약속하신 성령을 선물로 받는 것에 믿음이 없다. 그래서 자신들의 삶 속에 성령이 "함께하심(거하심, 속에 계심)"을 체험하지 못하고 구원 얻음과 영생에 대한 믿음도 갖지 못하며 예수 증인으로 살지도 못한다.

이와 같이 성령을 받지 못하고 교회에 다니는 것은 신앙생활이 아니라 종교 생활이며 이는 세상의 친목 단체의 일원이나 다를 바가 없다. 그러므로 성령과 함께하지 않는 교회 생활은 믿음이 아니다.

이로 인하여 신앙생활의 참 기쁨을 맛보지 못하고 오히려 예수 이름을 빙자해서 자기 유익만을 추구하게 되며 신앙에 대한 고민과 갈등으로 방황하게 된다. 그러므로 신앙생활은 성령을 받은 뒤부터 시작되는 것이다.

구원 얻은 자는 누구든지 성령을 받으므로 성령께서 주시는 권능을 받고 예수 증인이 된다. 왜냐하면 이는 하나님 아버지의 약속이기 때문이다. 그러므로 이 성령을 받지 않았다거나 모른다거나 성령이 불필요하다고 하면 그는 자신의 구원을 점검해 보아야 한다. 왜냐하면 구원은 죄에서 구원받는 것이기 때문이다.

죄 사함을 얻으면 구원의 선물로 성령을 주시는 것은 하나님 아버지의 약속인데 이로 인하여 '권능을 받고 예수 증인'이 되게 하는 성령으로 세례를 받는다. 이는 하나님 아버지께서 구원 얻은 자에게 "화목하게 하라."라는 직책을 주시고 '예수 증인'이 되게 하신 것이다.

그런데 하나님 아버지께서 회개한 자를 구원하시고는 '예수 증인이 되는 권능'은 주시지 않는다거나 추후에 어떤 조건에 도달하면 주신다고 한다면 이는 이해할 수 없는 일이며 그럴 만한 이유도 없다. 그뿐만 아니라 이것은 아버지의 약속에도 위배되는 일이다.

하나님께서는 자기의 독생자 예수 그리스도를 십자가에 죽게 해서 희생 제물로 내주시면서까지 인간을 구원해서 자기 자녀로 삼으셨다. 그분께는 대신 죽은 그 예수 그리스도의 증인이 되게 하는 권능을 주시지 않거나 사정해서 받게 해야 할 아무런 이유가 없다.

생각해 보기

하나님 아버지께서는 미리부터 구약의 선지자에게 누구든지 죄 사함을 얻으면 성령을 선물로 주시겠다고 약속하셨고 예수님과 사도들은 아버지의 이 약속하신 성령을 받으라고 강권하셨다. 그러므로 만일 당신이 죄 사함을 얻었다는 확실한 믿음이 있다면 하나님 아버지께서 약속하신 성령을 선물로 받을 것이다.

성령받음은 인간의 어떤 선행이나 공로, 신앙 수준, 직분 또는 기도를 어느 정도 많이 하는가를 보고서 주시는 것이 아니라 구원의 선물로 거저 주는 것임을 믿음으로써 가능하다.

우편물 배달원이 대문에 꽂아 놓은 우편물을 수취인이 받아야 하는 것처럼 오늘날 사람이 성령을 받는 것은 하나님의 일이 아니다. 사도행전의 오순절 날 성령 강림 이후로는 예수 그리스도와 사도들이 분부한 성경 말씀과 성령을 보내 주신 아버지의 약속 이행 말씀을 믿어야 한다.

Q. 당신은 성령 주심에 대한 하나님의 약속을 믿습니까?

Q. 당신이 만일 그 약속을 받지 않았다면 하나님은 당신과 어떤 관계일까요?(롬 8:7~11)

Q. 당신은 왜 성령을 받아야 한다고 생각합니까?

제8장

성령은 어떻게 받는가

하나님 아버지께서 약속하신 성령 그분을 받는 것은 아버지께 달라고 기도하거나 신앙생활을 모범적으로 잘하거나 어떤 선한 공로가 있어야 받는 것이 아니라 "죄 사함을 얻으면(구원) 성령을 선물로 받는 말씀"을 믿음으로써 받는다(행2:38).

죄 사함을 얻는다는 것은 사람이 하나님의 용서하심에 대한 약속의 말씀을 믿고 회개하여 예수 이름으로 세례를 받음으로써 하나님께서 약속하신 대로 죄를 용서해 주시고 "의롭다"라고 인정(칭의)해 주셨음을 믿는 것이다. 그 결과 성령을 구원의 선물로 거저 받는다.

죄 사함을 얻으면 성령을 선물로 받는다

[행2:38] 베드로가 가로되 너희가 회개하여 각각 예수 그리스도의 이름으로 세례를 받고 죄 사함을 얻으라 그리하면 성령을 선물로 받으리니

[39] 이 약속은 너희와 너희 자녀와 모든 먼 데 사람 곧 주 우리 하나님이 얼마든지 부르시는 자들에게 하신 것이라 하고 [40] 또 여러 말로 확증하며 권하여 가로되 너희가 이 패역한 세대에서 구원을 받으라 하니

[표 8-1] 선물로 받는 성령과 성령 세례

Ⓐ	Ⓑ 조건	Ⓒ 믿음	Ⓓ 임재	Ⓔ 현상	Ⓕ 결과
롬 6:4	행2:38	요14:16	요14:17	고후1:20	마3:8
회개세례	죄 사함	성령 선물 (성령 그분)	속에 계심	인침, 보증	열매
			거하심	권능(세례)	증인
믿음으로		구원의 선물	함께하심	고후1:21	행1:8
동시적이고 연속적 사건					신앙

이스라엘의 유대 백성이 회개하고 용서받아야 할 죄는 무엇이었을까? 하나님께서는 자기 백성 이스라엘에 그의 아들 예수 그리스도를 그들의 '주와 그리스도'로 보내 주셨지만 그들은 그들의 하나님께서 보내 주신 그들의 주와 그리스도 예수를 믿지 않고 십자가에 못 박혀 죽게 했다.

성경에서는 이 죄(원죄)를 "회개하고 주 예수를 구원자로 믿기를 결단(예수 이름의 세례)하면 죄 사함을 얻고 성령을 선물로 받는다."라고 말하면서 이는 곧 "하나님을 거역하고 회개하지 않는 세상 풍조

에서 구원을 얻는 것"이라고 하였다.

성경 '롬3:23' 이하에서는 "모든 사람이 죄를 범하므로 하나님의 구원의 은혜에 이르지 못했지만 그리스도 예수께서 모든 사람의 죄를 대신해 십자가에서 흘리신 피를 인하여 하나님의 은혜로 값없이 의롭다 하심을 얻은 자 되었다."라고 말하고 있다.

하나님께서는 모든 사람을 구원하시기 위해 그 아들을 화목 제물로 내어주시고 모든 사람이 그 아들의 흘리신 피로 말미암아 회개하고 돌아오기를 오래도록 참고 기다리신다. 회개한 자를 용서하시고 "의롭다" 하심으로 하나님의 의로우심을 나타내시며 또한 그 피를 믿는 자를 "의롭다" 하신다(롬4:23~25).

그러므로 사람이 죄 사함을 얻고 의롭다 하심을 얻는 것은 율법의 행위가 아닌 구원자로 오신 예수 그리스도를 믿지 않은 죄를 회개하고 "대신 죽은 예수를 위해 살겠다."라고 결단할 때 가능하다. 하나님께서는 그 믿음을 보시고 회개한 자의 죄를 용서해 주시고 의롭다 하시며 하나님의 자녀로 삼고 선물로 성령을 주신다.

성령받음은 하나님께서 인간이 회개한 죄를 용서해 주셨다는 증거로 주시는 구원의 선물이다. '회개 → 예수 이름의 세례 → 죄 사함 → 성령을 선물로 받음'은 [표 8-1]에서처럼 동시적이고 연속적인 하나의 과정 안에 들어 있다.

오늘날 교회의 많은 사람은 구원을 얻었다고 말하면서도 성령을 받았는지 아닌지 잘 모르겠다고 한다. 심지어는 성령을 받지 않고도 신앙생활을 잘하고 있다며 성령의 필요를 전혀 느끼지 못한다며 성령에 대해 무관심하다.

성령을 선물로 받는 것에 대하여 사도 베드로는 '행2:38~40'에서 죄 사함을 얻으면 받는 선물(거저 주심)이며 이 약속은 하나님을 거역하는 시대의 풍조에서 돌아서는 것, 즉 구원을 얻는 것이라고 강력하게 증언하고 있다. 다시 말하면 구원을 얻은 증거는 성령을 선물로 받은 것이라는 의미이다.

교회 공동체의 많은 사람이 성령을 받지 못하고 수십 년 동안 막연하게 '나는 구원을 받았겠지.'라고 생각하면서 마치 그 구원을 확인이라도 하듯 교회의 모든 행사와 활동에 빠짐없이 얼굴을 내밀며 자신의 믿음을 과시한다. 그렇게라도 구원을 확인하려 하지만 이로 인해 지친 몸과 마음은 구원에 대한 의구심만 남기며, 남모르게 고민하고 갈등하고 괴로워한다.

이들은 교회에서 지도자적 위치의 직분이면서도 삶의 모습은 교회에서의 모습과는 완전히 상반된다. 이 때문에 그와 관계하는 세상 사람들로부터 손가락질을 받고 지탄의 대상이 된다. 이들의 신앙과 생활은 분리되어 있는데 이는 성령의 인도하심을 받지 못해서 믿음으로 살지 못하고 율법적인 종교 생활(롬8:4~9)을 하고 있기 때문이다.

이는 죄 사함을 얻으면 성령을 선물로 받는 아버지의 약속의 말씀과 상관없이 자신의 공로와 도덕과 노력과 재능 등 선행이나 의로운 행위로 구원을 얻으려는 율법적 종교 생활에 지나지 않는다.

사람이 성령을 받기 위해서 하나님께 용서받아야 할 죄는 인간의 죄를 대신해서 십자가에 못 박혀 피 흘려 죽으시고 삼 일 만에 다시 부활하신 하나님의 아들 예수 그리스도를 구원자로 믿지 않는 것이다.

이 죄를 용서받기 위해서는 지금까지 믿지 않았던 그 예수를 이제는 인생의 새로운 주인으로 모시고 그를 위해 살겠다(고후5:15, 갈 2:19~20)는 신앙의 결단을 하고 회개해야 한다. 이렇게 죄 사함을 얻으면 성령을 선물로 받는데 이것이 바로 아버지가 약속(욜2:28~32)하신 성령을 받는 것이고 구원을 얻는 것이다.

죄 사함은 어떻게 얻는가

'죄 사함'은 회개하고 예수 이름으로 세례받은 인간의 신앙적 결단의 믿음을 하나님께서 인정하시고 그 죄를 용서하신 뒤에 "의롭다" 하셨다는 하나님의 용서와 그 약속의 말씀을 믿는 것이다.

첫째, 죄 사함을 얻으려면 먼저 회개해야 한다.

[행2:38] 베드로가 가로되 너희가 회개하여

오순절 명절을 지키기 위해 예루살렘 광장에 모인 수많은 유대인은 제자들이 성령 충만을 받고 성령이 말하게 하심에 따라 다른 방언으로 말하기 시작하자 "저들이 새 술에 취해서 횡설수설한다."라고 조롱했다.

이때, 조금 전에 성령으로 세례받은 베드로가 열한 사도와 함께 조롱하는 군중들 앞에 나가 "당신들이 십자가에 못 박아 죽인 이 예수는 당신들이 섬기는 하나님께서 당신들의 주가 되시며 메시아가 되게 하신 분이다."라고 담대하게 외쳤다.

이 말을 듣고 마음에 찔림을 받은 경건한 순례객(교포 2세, 디아스포라)들은 사도들에게 "그러면 형제들아, 우리가 어떻게 해야 하느냐?"라고 하며 예수 그리스도를 믿지 않은 것이 죄임을 인정했다.

사도 베드로는 이들에게 "회개하여 각각 예수 그리스도의 이름으로 세례를 받고 죄 사함을 얻으면 (너희도 우리와 같이) 성령을 선물로 받는다(행2:1~4)."라고 하며 "이 약속은 예수 그리스도를 믿는 자 누구에게나 주 우리 하나님 아버지께서 하신 약속이다."라고 증언했다(행2:36~40).

사람이 회개하는 것은 인간의 이성이나 지식, 결심으로 되는 것이 아니다. 하나님께서 주시는 구원의 말씀을 믿게 하시는 성령께서 인간의 이성이나 지식, 의지에 감동을 주서야 한다. 왜냐하면 구원자이신 그리스도 예수를 믿지 않은 것이 죄라는 것을 깨닫고 고백하게 하시는 이는 성령이시기 때문이다.

사람이 복음을 들을 때 성령께서는 그에게 감동과 감화를 주시어 그 말씀이 하나님 말씀으로 들리게 한다. 그렇게 죄를 깨닫게 하시고 회개하면 용서해 주실 것을 믿게 하심으로써 사람이 회개하게 하고 예수 이름으로 세례받게 하신다.

하나님의 아들 그리스도 예수는 인간의 죄를 대신해서 십자가에서 고난당하시고 죽으심으로써 인생들에게 영원한 나라의 평화를 누리게 하셨다. 또 그가 채찍에 맞으심으로써 인생들을 마음과 육체의 슬픔과 고통에서 나음을 입게 하셨다. 하나님께서는 이렇게 멸망받을 인간의 죄악과 저주를 그 아들 독생자 그리스도 예수에게 대신 담당시키셨다(사53:6).

그런데도 어리석고 이기적인 인간들은 고집 센 양같이 하나님을 떠나 제 욕심을 따라 죄악 속에서 제멋대로 살면서 생각한다. '나는 정말 죄가 없는데 예수는 저 스스로 죄를 짓고 징벌을 받아 하나님께 매 맞으며 고난당한다.'라고 말이다.

인간의 죄는 하나님의 정의와 심판에 대해서 인간의 이기적인 마음으로 잘못 생각하고 있는 것이다. 인간이 하나님 앞에 나가 회개해서 구원을 얻고 영생하는 유일한 방법은 그리스도 예수께서 인간의 구원을 위해 대신 죽으시고 또 그가 죽은 자 가운데서 다시사심으로 영생하게 되었음을 믿지 않은 죄를 회개하는 것이다.

태초에 에덴동산에서는 하나님께서 금하신 선악을 알게 하는 나무 열매를 먹는 것이 죄이고, 율법 시대에는 율법에 불순종하는 것이 죄이며, 예수님이 지상에 계실 때는 그가 하나님이 구원자로 보내 주신 그리스도이심을 믿지 않는 것이 죄이다.

그리고 그가 아버지께로 가시고 안 계신 지금은 그를 대신해서 그 이름으로 오신 또 다른 보혜사이신 성령의 인도하심에 순종하지 않는 것(불순종)이 죄이다. 왜냐하면 누구든지 말로 그리스도 예수를 거역하면 사하심을 얻을 수 있지만 말로 성령을 거역하면 살아 있는 동안이나 죽은 후에도 사하심을 얻지 못하기 때문이다(마 12:32).

사람이 죄 사함을 얻고 구원을 얻으려면 먼저 회개해야 하는데, 무엇이 하나님께 회개해야 할 죄인지 또 그 죄를 고백하면 어떻게 되는지를 깨달아 알고 믿어야 한다. 죄 사함을 얻는 회개는 용서에 대한 하나님이 하신 약속의 말씀을 믿어야 가능하기 때문이다.

하나님은 심각한 죄로 고민하고 갈등하는 자에게 다음과 같이 말씀하셨다.

[사1:18] 여호와께서 말씀하시되 오라 우리가 서로 변론하자 너희 죄가 주홍 같을지라도 눈과 같이 희어질 것이요 진홍같이 붉을지라도 양털같이 되리라

하나님은 인간이 죄에 연약한 존재인 것을 미리부터 알고 계시므로 용서에 대한 약속의 말씀을 믿고 회개하기를 기대하고 계신다. 사람이 죄를 회개하면 하나님께서는 그의 긍휼과 자비하심으로 용서하시겠다는 약속의 말씀대로 용서하신다.

그러므로 회개할 때 죄를 짓게 된 경위와 상황을 장황하게 늘어놓으며 변명할 것이 아니라 죄의 사실 그 자체를 전 인격(믿음)으로 자백해야 한다.

[요일1:9] 만일 우리가 우리 죄를 자백하면 저는 미쁘시고 의로우사 우리 죄를 사하시며 모든 불의에서 우리를 깨끗케 하실 것이요

만일 사람이 복음을 듣고 성령에 인도하심을 받아 죄를 깨닫고 자백하면 인간을 불쌍히 보시고 긍휼 베풀기를 기뻐하시는 하나님께서는 인간이 자백한 죄(원죄)는 물론 지금까지 살아오면서 지은 온갖 흉악하고 더러운 죄(자범죄)까지도 다 깨끗하게 용서해 주신다. 그러므로 죄를 자백하는 자는 하나님께서 어떠한 죄일지라도 다 용서해 주실 것을 믿고 회개해야 한다.

인간은 자기에게 죄를 지은 자를 용서하지 못하지만 하나님께 용서하지 못하는 인간의 죄는 없다. 그러므로 회개하는 자는 어떠한 죄든지 하나님께서 다 용서해 주실 것을 믿고 고백하는 용기가 필

요하다.

인간이 하나님께 죄를 회개할 때 어떤 죄는 용서받지 못할 것이라는 생각은 잘못된 것이며 하나님을 인간 수준으로 대우하는 불신앙이다. 인간은 하나님을 아버지라고 부르며 하나님과 서로 대화하는 관계를 맺지만 하나님은 인간과는 차원이 달라도 한참 다른 존재시다.

인간이 하나님을 생각할 때는 하나님의 존재를 사실 그대로 묘사하거나 표현하거나 설명하거나 이해할 수가 없다. 다만 인간의 수준 내에서 하나님을 이해할 뿐이다. 그러므로 사람이 무슨 죄를 회개할지라도 하나님은 다 수용하신다.

[히11:6] 믿음이 없이는 기쁘시게 못 하나니 하나님께 나아가는 자는 반드시 그가 계신 것과 또한 그가 자기를 찾는 자들에게 상 주시는 이심을 믿어야 할지니라

하나님께서는 죄를 회개하는 자를 기뻐하신다. 그래서 아무리 악한 죄를 회개할지라도 그는 절대로 책망하시지 않는다. 하나님께서는 회개하는 자의 죄의 고백을 반드시 듣고 계실 뿐 아니라 그 죄를 용서해 주시겠다는 하나님의 약속의 말씀을 믿어야 한다. 왜냐하면 하나님께서 인간의 죄를 사하기 위해 그 아들 그리스도 예수를 피 흘려 죽게 하셨기 때문이다.

하나님께 회개하는 자는 자기가 지은 죄에 대하여 변명할 필요 없이 하나님의 용서에 대한 약속의 말씀만을 믿고 죄의 사실만을 고백하면 된다. 많은 사람이 오랜 세월 똑같은 죄를 반복적으로 회

개하는 것은 죄를 용서해 주시는 하나님의 사랑과 그 약속의 말씀에 대한 믿음이 없기 때문이다. 또한, 이는 죄의 심각성을 깨닫지 못하고 형식적으로 회개하기 때문이다.

어떤 사람들은 믿음으로 회개해서 예수 이름으로 세례를 받고 죄 사함을 얻어 '성령을 선물'로 받고 새 생명 가운데 살아간다. 그와는 대조적으로 반복적이고 형식적인 회개로 예수 이름으로 세례를 받지 못하고 신앙의 회의를 느끼고 고민하고 갈등하며 율법적인 종교 생활을 하며 방황하는 사람들도 있다.

어떤 사람이 만일 성령을 선물로 받지 못했다면 그는 죄 사함을 받지 못한 것인데 이는 예수 이름으로 세례받는 신앙의 결단을 하지 않은 것일 뿐 아니라 그의 회개가 형식적임을 증명하는 것이다. 그래서 양심이 인정하는 믿음의 회개가 요구된다.

만일 누가 회개를 하고도 죄 사함의 확신이 없다면 그는 자신이 한 회개를 그 스스로도 인정하지 못하는 것이다. 그 자신도 인정하지 못하는 믿음 없는 회개를 하나님께서 어떻게 인정할 수 있겠는가?

후회는 죄를 인정하고는 있지만 하나님의 용서에 대한 믿음이 없기 때문에 믿음으로 (심각하게) 고백하지 않고 형식적으로 고백했거나 아니면 고백하지 않고 혼자서 가슴에 품고 죄의식 속에 살아가는 것이다. 반면 회개는 하나님의 용서에 대한 약속의 말씀을 믿고 고백하는 순간 이미 용서받았음을 믿는 것이다.

교회 구성원 중 많은 사람이 후회를 회개로 착각한다. 그렇게 죄를 용서하시는 하나님의 약속의 말씀을 믿지 못해서 후회만 하면서 죄의 문제를 해결받지 못하고 고민하고 갈등하며 방황하고 있다. 믿음의 회개는 회개에 대한 하나님의 약속의 말씀을 믿고 또 그 말씀대로 하나님께서 용서하셨음을 믿는 것이다.

죄를 자기 자신에게만 고백하는 것은 후회이고, 하나님께 고백하는 것은 회개다. 후회는 죄를 스스로 반성하는 것이고 회개는 하나님께 용서를 구하는 것이다. 후회는 죄의 결과만을 해결하려는 것이고 회개는 죄의 원인과 결과를 해결하려는 것이다. 후회는 죄가 반복되는 것을 용납하고 회개는 죄가 반복되는 것을 단절하려는 것이다.

그러므로 회개하는 자는 죄의 심각성을 깨닫고 하나님께서 반드시 듣고 계실 뿐 아니라 또 회개하는 순간 용서해 주셨음을 믿어야 한다. 이 믿음이 없이는 하나님을 기쁘시게 할 수 없으므로 회개한 죄의 용서도 기대하지 말아야 한다.

하나님께서 인간을 죄에서 구원하시는 것은 인간과 더불어 지내오시다가 언젠가 그 필요성을 느끼시고 결정하신 것이 아니라 태초부터 죄에서 구원하실 것을 예정하시고 계획하신 일이다. 하나님은 그 계획을 어떻게 나타내 보이셨을까?

[창3:7] 이에 그들의 눈이 밝아 자기들의 몸이 벗은 줄을 알고 무화과나무 잎을 엮어 치마를 하였더라

[창3:21] 여호와 하나님이 아담과 그 아내를 위하여 가죽옷을 지어 입히시니라

[표 8-2] 죄 사함에 대한 하나님의 계획

분류	하나님 계획	인간의 형편	비고
죄의 경고	선악과	불순종	창2:9, 창3:6
용서의 계획	가죽옷	나뭇잎	창3:21, 창3:7
용서의 권고	변론하자	고백, 자백	사1:18
용서의 방편	대속주	구원자 믿음	사53:4~7, 행4:12
용서의 약속	약속의 말씀	회개	히11:6, 요일1:9
약속의 이행	죄 사함	예수 이름 세례	행2:38, 롬6:3
용서의 증거	성령 선물	용서의 믿음	요14:17, 롬4:25

하나님은 태초부터 인간이 죄에 연약한 존재임을 아시고 에덴동산에 "선악을 알게 하는 나무의 실과를 먹지 말라."라고 경고하셨지만 아담과 하와는 하나님의 이 명령에 불순종한 결과 죄의 종노릇을 하게 되었다.

이로 인하여 그들은 자기들이 벌거벗은 것이 부끄러운 것(죄)임을 알게 되었고 이를 감추려고 그 부분을 나뭇잎으로 가리고 일시적으로 하나님의 낯을 피하여 수풀 사이에 숨었다. 그러나 하나님께서는 그들에게 가죽옷을 입히심으로써 죄의 고통에서 영원히 구원해 주실 것임을 계획하셨다. 이렇게 그들의 죄를 덮어 주시고 죄의 상처를 치유해 주신 것처럼 하나님께서는 오늘날 원수 마귀에

게 잡혀 죄의 종노릇하며 멸망의 길에서 방황하는 목마른 인생에게
도 약속하셨다. 그것은 '행2:38'에서 베드로가 증언한 대로 "회개하
여 각각 예수 이름으로 세례받고 죄 사함을 얻으면 성령을 선물"로
받는 것이다.

인간은 자신의 죄를 스스로 덮어 감추려 하고 양심의 소리를 외
면하려 하지만 죄는 인간의 능력으로 덮어지거나 감추어지지 않는
다. 그래서 죄 사함을 얻지 못하면 죄의식에 사로잡혀 두려워하게
되고 그 죄책감으로 인하여 죄에게 종노릇하는 악순환을 거듭하게
된다. 하나님께서는 이런 불쌍한 죄인을 구원해서 성령을 주시고
영원히 죄와는 상관이 없는 성령의 인도하심에 순종함으로써 육신
의 죄를 믿음으로 이기게 하신 것이다.

하나님은 여자를 유혹해서 죄를 짓게 한 뱀과 그 후손에게 "여자
의 후손과 원수가 되게 하고 그 여자의 후손은 뱀의 머리를 상하게
하고 뱀은 여자의 후손의 발꿈치를 상하게 할 것이다."라고 하셨다.

이는 하나님께서 인간을 유혹해서 죄짓게 하는 원수 마귀의 권
세를 이기게 하실 그리스도가 육신을 입은 여자의 후손으로 오실
것을 계시하신 것이며(창3:15) 또 그로 인하여 인류가 죄에서 벗어나
의롭다 하심을 얻고 구원 얻어 영생하는 하나님의 자녀가 될 것을
예시하신 것이다.

이와 같이 하나님께서는 태초부터 인간이 죄에서 사함을 받고 의
롭다 하심으로 거듭나게 해서 구원하실 것을 계획하셨다. 아래의
말씀은 그 예표의 말씀이다.

[요3:14] 모세가 광야에서 뱀을 든 것 같이 인자도 들려야 하리니 [15] 이

는 저를 믿는 자마다 영생을 얻게 하려 하심이니라 [16] 하나님이 세상을 이처럼 사랑하사 독생자를 주셨으니 이는 저를 믿는 자마다 멸망치 않고 영생을 얻게 하려 하심이니라 [17] 하나님이 그 아들을 세상에 보내신 것은 세상을 심판하려 하심이 아니요 저로 말미암아 세상이 구원을 받게 하려 하심이라

이스라엘 백성은 젖과 꿀이 흐르는 약속의 땅에 들어가기 위해 애급을 탈출하여 구사일생(하나님 역사)으로 홍해를 건넌 후 40년 가까이 광야를 떠돌며 살았다. 그들은 지칠 대로 지친 상태에서 다시 신 광야에 머물고 있었는데 여기서 에돔 땅을 통과해서 십수 일만 더 가면 꿈에 그리던 약속의 땅 가나안에 들어갈 수 있었다. 약속의 땅이 가까워지자 꿈에 부푼 그들의 마음은 더욱 초조했다.

그러나 에돔 족속이 이스라엘 백성의 통과를 거부하자 그들은 또다시 험악하고 머나먼 길로 돌아가야 하는 것에 마음이 상했다. 그리고는 하나님과 모세를 향하여 "애급에서 잘 먹고 편하게 살게 내버려 두지 왜 우리를 맛있는 음식도 없고 물도 없는 이 광야로 끌고 와서 죽게 하느냐?"라고 하면서 그들을 원망했다.

하나님께서 불평하고 원망하는 이스라엘 백성에게 불뱀들을 보내어 그들을 물게 하셔서 그들 중에 죽은 자가 많았다. 그러자 백성들은 모세를 찾아가 자기들의 잘못을 인정했고 모세는 백성을 위하여 기도했다.

하나님께서는 모세에게 "불뱀을 만들어 장대 위에 달라."라고 하시고 "물린 자마다 그것을 보면 살리라."라고 하셨다. 뱀에게 물린 자마다 그 놋뱀을 쳐다본 즉 죽지 않고 살았다(민21:1~9).

하나님께서는 그의 독생자에게 인류의 죄를 대신 짊어지시고 십자가에 달려 속죄의 피를 흘리게 하심으로써 누구든지 이 사실을 믿으면 영생을 얻게 하셨다. 하나님께서 이처럼 패역한 이 세대를 사랑해서 그의 독생자를 화목 제물로 주신 것은 세상을 심판하려 하신 게 아니고 그 아들을 믿는 자마다 멸망치 않고 영생을 얻게 하려 하신 것이다(요3:16).

둘째, 죄 사함을 얻으려면 예수 이름으로 세례를 받아야 한다.

[롬6:4] 그러므로 우리가 그의 죽으심과 합하여 세례를 받음으로 그와 함께 장사되었나니 이는 아버지의 영광으로 말미암아 그리스도를 죽은 자 가운데서 살리심과 같이 우리로 또한 새 생명 가운데서 행하게 하려 함이니라 (…) [6] 우리가 알거니와 우리 옛사람이 예수와 함께 십자가에 못 박힌 것은 죄의 몸이 멸하여 다시는 우리가 죄에게 종노릇하지 아니하려 함이니 [7] 이는 죽은 자가 죄에서 벗어나 의롭다 하심을 얻었음이니라

사람이 죄를 회개하기 전까지는 자기가 자기 인생의 주인으로 살았지만 회개한 후로는 대신 죽은 예수 그리스도를 자기 인생의 주인으로 모시고 살 것을 결단(고후5:15)하는데 이것이 예수 이름으로 세례받음이다. 그러므로 사람이 회개한 것은 예수 그리스도의 이름으로 세례를 받은 것이 그 증거이다.

믿음으로 회개하는 순간 이미 예수 이름으로의 세례에 이른 것인데, 이는 죄를 용서하시는 하나님 약속의 말씀을 이미 믿는 것이며 이 믿음으로 죄를 고백하는 순간 용서받은 것이기 때문이다.

아들이 잘못을 하고 아버지에게 용서를 구할 때 아버지는 그 아들의 잘못을 이미 용서하신 것이다. 다만 아들이 그 잘못을 인정하기를 바랄 뿐인데 그것이 회개의 고백이다. 이 세상에 자기 자식의 잘못을 용서하지 않는 어버이는 없다.

우리가 섬기는 하나님 아버지는 이보다 더 자비로우시다. 하나님 아버지는 우리가 죄를 회개하려고 할 때 이미 다 용서하시고 우리가 죄를 인정하기만을 기다리신다. 회개하겠다고 하는 것 자체가 이미 용서받을 만한 행위이며 대신 죽은 자를 위해 살겠다는 믿음의 결단이다. 이는 예수 이름으로 세례를 받을 만한 결단을 한 것이다.

[롬6:3] 무릇 그리스도 예수와 합하여 세례를 받은 우리는 그의 죽으심과 합하여 세례받은 줄을 알지 못하느뇨

오늘날 우리가 물 침례를 받는 것은 그리스도의 대신 죽으심과 부활에 대한 믿음으로 멸망의 저주에서 구원을 얻었다는 증표이다. 또한, 이는 죄로 인해 하나님과 원수가 되어 진노의 자식으로 영원히 멸망해야 할 추하고 더러운 존재가 그리스도 예수로 인하여 깨끗하고 정결한 존재로 거듭나는 것이다.

그래서 거듭난 자는 하늘나라 영생에 대한 감사와 기쁨 때문에 하나님과 교회와 사람들 앞에 예수 그리스도를 주인으로 모시고 살겠다고 결단하는 것이며 이는 바로 예수 이름으로 세례받음이다 (벧전3:21, 롬6:4).

사람이 예수 믿고 거듭나서 구원을 얻으면 새사람으로 변화하기

때문에 주위 사람들이 "저 사람 예수 믿더니 변했다."라고 말하게 된다. 이는 죄악으로 영원히 멸망의 고통 속에서 살아야 할 존재가 하나님의 영광스러운 나라에서 하나님과 함께 영생 복락을 누리며 영원히 사는 존재로 사망에서 영원한 생명으로 옮겨진 것이다. 인생에 이보다 더 큰 축복은 없음을 구원 얻은 자는 알고 있다.

신앙이란 하나님의 진리의 말씀을 마음으로 믿는 것이고 신앙생활(삶)이란 마음에 믿고 있는 그 진리의 말씀을 삶의 등불이자 지표로 삼고 지켜 행하는 것이다. 그러므로 예수 이름으로 세례받지 않고 형식적으로 회개한 사람은 입으로는 하나님을 말할 수 있겠지만 그 말씀을 지켜 행하는 믿음으로 살지는 못한다.

이는 옛사람이 예수의 죽으심과 합하여 세례받지 못했기 때문에 세상의 환경과 분위기, 사람들의 시선을 의식하면서 인격이나 도덕, 율법으로 살 수밖에 없기 때문이다. 그래서 '딤후 3:5'에서 "경건의 모양은 있으나 경건의 능력은 부인하는 자들에게서 돌아서라."라고 권면하는 것이다.

예수 이름으로 세례받음은 죄의 몸인 옛사람이 예수와 함께 십자가에 못 박혀 죽고 함께 장사된 것이며 이로 인해 죄의 몸이 멸하여 다시는 죄에 종노릇하지 않으려 함이다. 이는 죽은 자가 죄에서 벗어나 의롭다 하심을 얻었기 때문이다.

그래서 예수 그리스도께서 나를 위해 대신 죽으신 것 같이 이제 나는 그리스도 예수를 위해 나를 부인하고 나의 십자가(마10:38, 눅 9:23)를 진다. 이는 세상 가치관('내가 내 인생의 주인')을 버리고 예수를 위한 가치관('예수가 내 인생의 주인', 즉 영혼 구원을 위한 삶)으로 삶을 전환하는 것이다. 그러므로 사람이 진실로 회개한 증거는 예수 이름으로 세례받음이다.

[고후5:15] 저가 모든 사람을 대신하여 죽으심은 산 자들로 하여금 다시
는 저희 자신을 위하여 살지 않고 오직 저희를 대신하여 죽었다가 다시
사신 자를 위하여 살게 하려 함이니라

예수 이름으로 세례받은 자는 대신 죽은 자를 위해 살기로 신앙
의 결단을 한 자이다. 사람이 대신 죽은 자를 위해 산다는 것은 옛
사람이 추구하던 자기 욕망을 이루기 위한 삶을 죄로 인정하는 것
이다. 나아가 이제는 예수께서 계획하시고 이루시기 위해서 애쓰시
는 영혼을 구원하는 일에 고난이 따를지라도 동참하는 것이다.
그러므로 **예수 이름으로 세례받은 자는 ① 하나님의 영원한 생명을 새로**
얻은 것이다.
예수께서 우리를 위해 그리하셨던 것처럼 우리가 예수를 위해 우
리의 옛사람을 포기할 때(롬6:3~4) 하나님께서는 우리에게도 예수
그리스도에게 주신 것과 동일한 하나님의 영원한 새 생명을 주시고
새로운 피조물(고후5:17)로 새 생명 가운데서 하나님을 향하여 살아
가게 하신다(갈2:19~20).

② 그리스도 예수 이름으로 세례받은 자는 하나님의 영원한 새 생명을 얻
은 것이므로 죽은 자가 죄에서 벗어나 의롭다 하심을 얻은 것이다.
인간은 육신이 살아 있는 한 율법에 정한 죄의 효력(롬6:5~7)의 영
향력 아래에 있기 때문에 누구나 율법에서 정한 죄를 짓지 않고는
살 수 없다.

인간이 죄에서 벗어나는 유일한 길은 성령을 좇아 육신의 정욕을 버리는 것이다. 이는 그리스도 예수 안에 있는 생명의 성령이 가진 법이 죄와 사망의 법(율법)에서 인간을 해방했기 때문이다.

예수 이름으로 세례받음은 하나님과 단절된 옛사람의 영은 죽고 예수와 함께 십자가에 못 박힘으로써 단절되었던 그의 영이 성령으로 새롭게 거듭난 새사람이 되는 것이다. 그러므로 죄에 대하여는 죽은 자요 그리스도 예수 안에서 하나님을 대하여는 산 자다(갈 2:19~20, 롬6:7, 11).

③ 그리스도 예수 이름으로 세례받은 자는 하나님께 영원한 생명을 얻은 영원한 존재가 된 것이다.

예수 그리스도가 부활하신 것처럼 그리스도 예수 이름으로 세례받은 자는 주님 오실 때 부활해서 예수님과 함께 예수님이 계신 영원한 나라에서 영생하게 됨을 믿는다. 이는 그리스도 예수로 인하여 새 생명을 얻어 새롭게 산 자이기 때문이다.

처음 사람 아담으로 인하여 부모의 혈육을 받아 태어난 모든 인간은 죄 아래 태어나 죄를 범하였으므로 사망 권세에 지배받아 죄에 종노릇을 하며 살았다. 그러나 사랑과 긍휼이 풍성하신 하나님은 이를 불쌍히 여기시고 예수 믿는 자를 아브라함처럼 의롭다 하시기 위해 우리 죄를 대신해서 그 아들 예수 그리스도를 십자가에 내어주시고 또 그를 죽은 자 가운데서 다시 살아나게 하셨다(롬 4:25).

이처럼 세상을 지으신 이가 자기 백성을 죄에서 구원하시기 위해 자기 땅, 자기 백성에게 오셨지만 그 백성이 영접하지 않았다. 하나님이 그를 세상에 보내신 것은 세상을 심판하려 하심이 아니고 그로 말미암아 세상을 구원해서 영생을 얻게 하려 하심이다. 그러므로 누구든지 그를 영접(믿지)하지 않으면 이미 심판받은 것이다.

인간이 정죄를 받는 것은 구원자로 보내신 그 아들 예수 그리스도보다 어두움(세상의 욕망)을 더 사랑하기 때문인데, 육신의 욕망을 이루기 위해 이 세상 풍습을 좇는 자는 참 빛이신 하나님의 진리의 말씀에 의하여 그 행위(죄)가 드러나는 것을 두려워하기 때문이다. 그러나 영접하는 자, 곧 그 이름을 믿는 자에게는 하나님의 자녀가 되는 권세를 주셨다(요1:12).

그리스도께서 사망 권세를 이기시고 죽은 자 가운데서 다시 살아나셨으므로 결코 다시 죽는 일이 없을 뿐 아니라 죽음이 더 이상 그분을 지배할 권세를 가지고 있지 못했다. 그와 함께 죽고 함께 사는 자에게도 하나님께서 동일하게 죽음이 지배하지 못하도록 영원한 새 생명을 주셨다.

그러므로 하나님의 이 사랑과 권능을 깨닫고 그 아들 예수 그리스도의 대신 죽으심과 다시 사심을 믿어야 한다. 이를 믿으면 하나님은 그의 모든 죄(원죄, 자범죄)를 깨끗이 용서해 주시고 그 증거로 성령을 선물로 주신다.

'예수 그리스도의 이름으로 세례'를 받는 것은 대신 죽은 예수 그리스도를 인생에 새 주인으로 모시고 이제 그를 위해 살기를 결단하고 하나님과 교회와 사람들 앞에 물로 세례받는 것이다. 이는 사람이 자신의 신앙을 하나님과 교회와 사람 앞에 결단하는 것(롬6:3~4, 7)으로, 구원을 얻고 성령을 받은 외적인 증표다.

하나님께서는 그의 독생자 예수 그리스도를 이 땅에 구원자로 보내시어 그를 믿는 자마다 구원 받게 하셨다.

[마1:21] 아들을 낳으리니 이름을 예수라 하라 이는 그가 자기 백성을 저희 죄에서 구원할 자이심이라 하니라

'예수', 그는 자기 백성을 저희 죄에서 구원할 자이다. 그래서 그리스도 예수와 함께 십자가에 못 박힌 믿음이 있다면 지금 비록 육체를 입고 살아도 그는 이제 그 자신이 산 것이 아니고 오직 그 안(마음)에 그리스도 예수께서 사신 것이다. 왜냐하면 그는 그를 사랑해서 그를 위하여 자기 몸을 버리신 하나님의 아들을 믿는 믿음으로 살 것을 결단했기 때문이다(갈2:20, 고후5:15).

성경 '사53:4~5'에서 예언하신 대로 하나님의 아들 예수 그리스도께서 벌거벗기는 수욕을 당하시고 채찍에 맞는 고통을 당하며 다 부서진 몸으로 그 무거운 십자가를 지고 골고다 언덕길을 걸어가셨다. 그 고난의 길은 인간의 허물 때문이고 그가 마침내 십자가에 못 박혀 물과 피를 다 쏟으시고 죽으신 것은 인간의 죄악 때문이다.

하나님께서는 인간을 죄로부터 구원하실 계획에 대해서 '사53:6'에서 "인간은 다 고집 센 양 같아서 죄를 지으며 각기 제 욕심대로 살지만 여호와께서는 인간의 그 죄악을 그 아들 예수 그리스도에게 담당시키셨다."라고 선언하셨다. 성경은 하나님의 아들 예수 그리스도만이 인간을 죄에서 구원하실 자임을 다음과 같이 말씀하고 있다.

[행4:12] 다른 이로서는 구원을 얻을 수 없나니 천하 인간에 구원을 얻을
만한 다른 이름을 우리에게 주신 일이 없음이니라 하였더라

하나님께서는 하나님을 떠난 인간을 그 죄에서 구원하시기 위해
그 아들 독생자 예수 그리스도를 모든 사람의 모든 죄를 위해 화
목 제물로 내주셨다(롬4:25). 이 사실을 선지자들의 예언을 통해서
계시하시고(사53:4~6) "인간이 구원 얻는 길은 오직 예수 그리스도
를 구원자로 영접하는 길밖에는 없다(행4:12)."라고 하셨다.

[사53:4] 그는 실로 우리의 질고를 지고 우리의 슬픔을 당하였거늘 우리
는 생각하기를 그는 징벌을 받아서 하나님에게 맞으며 고난을 당한다 하
였노라 [5] 그가 찔림은 우리의 허물을 인함이요 그가 상함은 우리의 죄
악을 인함이라 그가 징계를 받음으로 우리가 평화를 누리고 그가 채찍에
맞음으로 우리가 나음을 입었도다 [6] 우리는 다 양 같아서 그릇 행하여
각기 제 길로 갔거늘 여호와께서는 우리 무리의 죄악을 그에게 담당시키
셨도다.

선지자 이사야의 예언대로 하나님의 아들 예수 그리스도께서 인
간의 죄악을 담당하시고 대신 죽으심을 증거하시기 위해 오신 또
다른 보혜사이신 성령께서는 '요16:8~9'에서 사람이 구원을 얻기 위
해서 회개해야 할 죄는 인간의 죄를 대신해서 죽으신 "예수 그리스
도를 믿지 않는 죄"라고 하셨다.
그리고 사도 베드로는 '행2:36'에서 하나님의 백성인 유대인들에
게 "너희가 십자가에 못 박은 이 예수를 하나님이 너희의 주와 그

리스도 되게 하셨다."라고 증언하며 이 죄를 회개하라고 외쳤다.

　사람이 구원을 얻으려면 하나님을 떠나 죄의 종노릇하며 살았던 모든 죗값을 하나님께서 예수 그리스도에게 대신 담당하게 하셨음을 믿고 회개해야 한다. 왜냐하면 하나님은 이 믿음으로 회개한 자를 용서하시고 "의롭다" 하시기 위해 그 아들 예수 그리스도를 죽은 자 가운데서 다시 살아나게 하셨기 때문이다(사53:4~6, 고후5:21).

　하나님은 하나님을 떠난 죄를 회개하고 돌아오면 하나님께서는 반드시 용서해 주시겠다고 약속하셨다(요일1:9, 히11:6). 그러므로 구원은 인간의 죄를 대신해서 죽으신 예수 그리스도를 인생의 새로운 주인으로 모시고 그를 위해 살 것을 결단해야 한다. 이는 하나님과 교회 사람들 앞에 다짐하는 예수 이름으로 세례를 받음으로써 가능하다(롬6:3~4, 갈2:19~20, 고후5:15).

　그리고 이 신앙의 결단(예수 이름의 세례)을 하나님께서 수용하시고 죄를 사해 주셨음을 믿어야 한다. 구원은 죄에서 구원 얻은 것이기 때문이다.

성령받음의 내적 증거, 선물

　죄 사함을 얻으면 성령을 선물로 받는 것은 아버지께서 약속하신 것이다. 사람이 구원 얻음은 죄에서 구원 얻는 것이므로 성령은 하나님이 구원 얻은 자에게 주시는 선물이다. 그러므로 성령은 구원의 상자 속에 들어 있는 아버지의 약속 말씀이다. 이 말씀(행2:38)을 알고 믿으면 성령을 선물로 받는다. [표 8-1 참조]

첫째. 성령께서는 친히 우리 영과 더불어 우리가 하나님의 자녀인 것을 증거해 주신다.

[롬8:16] 성령이 친히 우리 영으로 더불어 우리가 하나님의 자녀인 것을 증거하시나니

자기 아버지도 아닌 사람을 '아빠'라고 부르는 자식은 없는 것처럼 어떤 사람이 성령을 받았다면 그는 하나님을 '아바 아버지'라고 부른다. 사람이 하나님을 아바 아버지라고 부를 수 있는 것은 그가 하나님의 영을 받았기 때문이며 이는 사람의 생각으로 부르는 것이 아니라 성령께서 친히 그 마음의 깊은 양심으로 더불어 그가 하나님 자녀인 것을 증거해 주시기 때문에 가능하다.

그래서 하나님의 자녀가 된 사람은 그리스도 예수와 함께 하늘나라 영생 유업을 이을 하나님의 자녀가 되었기 때문에 그리스도와 함께 영생의 영광을 받기 위한 고난도 함께 받기를 즐거워한다.

성령은 구원 얻은 자에게 오셔서 예수 증인의 권능을 주시고 나가 복음을 전하게 하시고 그 사역 현장에서 함께 활동하시면서 믿는 자에게 따르는 표적으로 전하는 말씀을 확실하게 증거해 주실 뿐 아니라 성령의 열매가 맺히도록 인도하셔서 산 제사를 드려 하나님께 영광 돌리게 하시고 예수의 제자로 살아가도록 인도하신다.

이와 같이 성령께서는 구원 얻은 자의 영과 함께 그가 하나님의 자녀인 것을 증거해 주신다. 사람이 구원 얻었는지 아닌지는 성령 그분께서 그 사람의 영(양심)과 더불어 증거하신다.

성령을 선물로 받은 내적인 증거는 인침과 보증이며 그 외적인 증

거는 예수 증인의 권능받음이며 이는 성령으로 세례받음이다.

둘째, 성령을 받으면 성령의 인도하심을 받는다.

> [롬8:14] 무릇 하나님의 영으로 인도함을 받는 그들은 곧 하나님의 아들
> 이라 [15] 너희는 다시 무서워하는 종의 영을 받지 아니하였고 양자의 영
> 을 받았으므로 아바 아버지라 부르짖느니라

믿지 않는 세상 사람들은 성령을 받지 못하는데 그 이유는 성령
의 역사하심을 보지도 못하고 알지도 못하게 때문이다. 그러나 믿
는 자들은 성령을 알기 때문에 그는 믿는 자와 함께 활동하시고 또
믿는 자의 마음(영)속에 계신다(요14:17).

사람이 성령을 받은 증거는 그가 하나님의 영으로 인도를 받고
있는지 아닌지로 분별할 수 있다. 본문 '롬8:14'에서는 "하나님의 영
으로 인도함을 받는 그들이 곧 하나님의 아들이라."라고 말씀하고
있다. 사람이 하나님의 영으로 인도를 받는다는 것은 무서워하는
종의 영을 받은 것이 아니고 양자의 영을 받은 것이다.

사람이 하나님의 영으로 인도받는다는 것은 그가 죄 사함을 얻
고 성령을 선물로 받은, 구원 얻은 하나님의 자녀가 되었다는 증거
다. 그러나 성령을 받지 않았다면 그는 죄 사함을 얻지 못하고 구
원 얻지 못한 것이므로 하나님의 자녀가 아니다.

하나님의 자녀가 아니면 진리의 영이신 성령의 역사와 인도하심
을 보지 못하고 알지도 못하기 때문에 하나님의 영으로 인도받지
못한다. 하나님의 영은 하나님의 자녀를 진리의 말씀으로 인도하시

기 때문이다.

'요10:1' 이하에서 "양은 자기 우리의 문지기의 음성을 듣고 따라 가지만 타인의 음성은 알지 못함으로 따르지 않고 도리어 도망간 다."라고 말씀하고 있다. 양이 자기 목자의 음성을 알아듣고 따르는 것처럼 하나님의 자녀는 성령(하나님의 영)을 받았기 때문에 하나님 의 영(성령)으로 인도를 받는다. 이것이 성령받은 증거다.

교회 구성원 중 많은 사람이 성령을 받는 방법과 자신이 성령을 받았는지 여부에 대해 혼란을 겪는다. 이는 신앙의 선배들이나 가 르치는 교사들이 성경 말씀대로 가르치지 않고 어떤 신비한 현상 을 체험해야 성령을 받은 것이라고 잘못된 가르침을 주고 성경 말 씀에 부합하지 않는 잘못된 간증을 하고 있기 때문이다. 이들의 잘 못된 가르침과 간증들은 성령을 주시겠다는 아버지의 약속 말씀과 는 전혀 부합하지 않는 가르침과 간증을 하고 있는 것이다.

성령받음에 대해 예수님은 '요14:15~18'을 통해서 제자들에게 다 음과 같이 자세하게 가르쳐 주고 있다.

[요14:15] 너희가 나를 사랑하면 나의 계명을 지키리라 [16] 내가 아버지 께 구하겠으니 그가 또 다른 보혜사를 너희에게 주사 영원토록 너희와 함께 있게 하시리니 [17] 저는 진리의 영이라 세상은 능히 저를 받지 못하 나니 이는 저를 보지도 못하고 알지도 못함이라 그러나 너희는 저를 아나 니 저는 너희와 함께 거하심이요 또 너희 속에 계시겠음이라 [18] 내가 너 희를 고아와 같이 버려두지 아니하고 너희에게로 오리라

예수님은 제자들에게 "나의 계명을 지키는 것이 나를 사랑하는

것"이라고 전제적으로 말씀하시고 그들, 즉 "나를 사랑하는 자에게 아버지께 구해서 성령을 보내 주시겠다."라고 하셨다.

그런데 예수님이 보내 주시는 이 성령은 "믿지 않는 세상 사람은 받을 수 없지만 너희 즉 믿는 자는 성령을 알기 때문에 그가 너희와 함께 거하시고 또 너희 속에 계실 것이다."라고 하셨다.

예수님은 성령을 받을 대상으로 제자들을 말씀하셨다. "나를 믿지 않는 세상 사람이 아니라 바로 나를 믿는 너희", 이는 곧 제자들을 가리킨 것이다. 그래서 성경 '행2:38'에서는 "회개하여 각각 예수 이름으로 세례를 받고 죄 사함을 얻으면 성령을 선물로 받는다."라고 말씀하고 있다.

예수님께서 말씀하신 성령을 선물로 받을 사람은 예수님을 사랑해서 예수님의 계명을 지키는 사람인데 이들은 믿는 자이고 죄 사함을 얻은 자, 즉 하나님을 거역하는 세상 풍조에서 구원 얻은 자(예수님 사랑하는 자=믿는 자=죄 사함 얻은 자)이다.

제자들은 주님을 믿는 자들이고 주님을 사랑해서 주님의 계명을 지키는 자들이다. 그러므로 누구든지 구원 얻었다면 그는 예수님을 사랑하는 사람이기 때문에 예수님의 계명을 지키게 된다. 사람은 누구든지 주님을 사랑하지 않고는 구원을 얻을 수 없기 때문이다.

사람이 죄 사함을 얻은 증거는 "성령을 선물로 받음"이다. 이는 하나님께서 죄에서 구원 얻은 자에게 거저 주시는 선물이다. 성령받음은 죄 사함을 얻는 아버지의 약속의 말씀을 믿는 것 외에 또 다른 어떤 도덕적 행실이나 수준 높은 인격 또는 개인적·사회적 어선행이나 공로가 필요한 것이 아니라는 의미이다.

심지어 어떤 교사들은 "산에 올라가 소나무 뿌리 세 개 정도는 뽑을 정도로 기도를 많이, 그리고 강하게 해야 성령을 받는다(성령 세례)."라고 가르치고 또 자랑 삼아 간증하기도 한다. 그러나 아버지의 약속은 기도를 많이 하거나 강하게 해야 받는 것이 아니라 "죄 사함을 얻으면" 구원 얻은 선물로 거저 주시는 것이다. 그리고 이 때(행19:2) "성령을 받는다(성령 세례)."라고 말씀하고 있다. 이와 같이 잘못된 가르침은 오히려 성령(선물과 세례)을 받는 데 방해가 된다.

예를 들어 어떤 백화점에서 '오늘 오십만 원 이상의 물품을 구매한 고객들에게는 어린이용 티셔츠를 하나씩 선물로 주겠다.'라고 광고했다고 하자. 계산대에서 오십만 원 이상의 물품 구매 영수증을 제시한 고객이 백화점에서 약속한 대로 어린이용 티셔츠를 하나씩 거저 받는다. 그러나 물품을 구매하지 않고 대신 오십만 원 상당의 다른 일을 하고는 어린이용 티셔츠를 선물 받으려는 고객에게는 백화점의 약속이 유효하지 않다.

성령이라는 선물도 오직 아버지의 약속 말씀을 믿어야만 받는다. 그 약속의 말씀은 "죄 사함을 얻으면 누구든지 성령을 선물로 받는다."라는 것이다.

성령을 선물로 받는 것은 순전히 성령 주심에 대한 아버지의 약속에 대한 믿음에 의한 것이다. 왜냐하면 이는 인간의 노력이나 공로, 선행으로 받는 것이 아니고 오직 아버지의 약속 말씀을 믿음으로써 되는 것이기 때문이다.

Q. 당신은 성령을 어떻게 받았습니까? 기도를 많이 해서, 금식을 해서, 신앙생활을 열심히 해서 받은 것입니까?

Q. 당신이 죄를 회개할 때 하나님께서 당신의 죄를 용서해 주실 것이라는 사실을 어떻게 알 수 있습니까?(요일1:9, 히11:6)

Q. 하나님께서는 당신이 회개한 죄를 용서해 주셨습니까?

제9장

성령 세례는 어떻게 받는가

[마3:11] 나는 너희로 회개케 하기 위하여 물로 세례를 주거니와 내 뒤에
오시는 이는 (…) 그는 성령과 불로 너희에게 세례를 주실 것이요 [12] 손
에 키를 들고 자기의 타작마당을 정하게 하사 알곡은 모아 곡간에 들이
고 쭉정이는 꺼지지 않는 불에 태우시리라

침례 요한은 요단강에서 죄를 회개하게 하기 위한 물 침례를 주
면서 장차 그리스도께서 "성령과 불"로 세례를 주실 것이라 했다.
그가 말한 예수께서 주실 성령 세례는 아버지의 약속하신 성령이
오시면 권능을 받고 예수 증인이 되게 하는 세례다.

이는 또 타작마당(마지막 때)에서 알곡과 쭉정이를 갈라 알곡은
곡간에 들이고 쭉정이는 꺼지지 않는 불에 태우는 불세례(심판)이
다. 죄 사함을 얻은 자에게 오신(임하신) 성령은 예수 증인이 되게
할 뿐 아니라 불세례를 통해 마음에 있는 더러운 죄를 정결하게 씻
어 회개의 합당한 열매를 맺게 하시고 심판을 면하게 한다.

성령 세례는 어떻게 받는가

〰〰〰〰〰〰〰〰〰〰〰〰〰〰〰〰〰〰〰〰〰〰〰〰〰〰〰〰〰〰〰

[요14:15] 너희가 나를 사랑하면 나의 계명을 지키리라 [16] 내가 아버지
께 구하겠으니 그가 또 다른 보혜사를 너희에게 주사 영원토록 너희와
함께 있게 하시리니 [17] 저는 진리의 영이라 세상은 능히 저를 받지 못하
나니 이는 저를 보지도 못하고 알지도 못함이라 그러나 너희는 저를 아나
니 저는 너희와 함께 거하심이요 또 너희 속에 계시겠음이라

성령으로 세례받음은 **제8장 성령(선물)은 어떻게 받는가**에서 밝힌 바
와 같이 죄 사함을 얻으면 성령을 선물(행2:38)로 받을 때 함께 받는
것이 성경적이다. 왜냐하면 부활하신 주께서 약속하신 성령 그가
오시면 "권능을 받고 땅끝까지 이르러 내 증인이 된다."라고 말씀하
셨기 때문이다.

죄 사함을 얻고 구원 얻을 때 오신 성령(선물)은 내적으로는 구원
얻은 자의 마음속에 계시면서(요14:17) 또 함께 거하신다.

만일 구원을 얻고도 성령 세례를 따로 받아야 한다면 구원 얻은
자 속에는 계시지만 함께 거하시지는 않는다는 말씀이 되므로 '요
14:17' 말씀에 부합하지 않는다.

사도 베드로는 '행2:38'의 죄 사함을 얻으면 성령을 선물로 받는
것은 아버지께서 패역한 세대에서 구원 얻은 자들 누구에게나 하
신 약속이라고 다음과 같이 증언하고 있다.

[행2:38] 베드로가 가로되 너희가 회개하여 각각 예수 그리스도의 이름
으로 세례를 받고 죄 사함을 얻으라 그리하면 성령을 선물로 받으리니

[39] 이 약속은 (…) 주 우리 하나님이 얼마든지 부르시는 자들에게 하신 것이라 하고 [40] (…) 너희가 이 패역한 세대에서 구원을 받으라 하니

사도 베드로는 죄 사함을 얻고 구원 얻은 자에게 성령을 선물로 주시는 아버지의 "이 약속"을 '행2:1~4'의 오순절 날 성령 강림의 사건으로 지칭하고 있다.

오순절 날 성령 세례를 받는 것을 보고 어떤 유대인들은 조롱하며 대낮부터 술에 취해서 횡설수설한다고 비난했다. 이날 성령받은 베드로가 열한 사도와 같이 서서 소리 높여 말하기를 "이는 선지자 요엘이 말씀하신 아버지의 약속하신 성령을 받은 것"이라고 증언했다.

예수님은 베드로가 오순절 날 성령을 받고 증언하기 전에 제자들에게 "오직 성령이 임하시면 권능을 받고 땅끝까지 이르러 내 증인이 될 것이므로 예루살렘을 떠나지 말고 내게 들은 아버지의 약속하신 것을 기다리라(행1:4, 8)."라고 하셨다.

성령 세례는 죄 사함을 얻으면 선물(성령, 그분이 오심)로 받은 후 따로 어떤 조건을 충족해야 받는 것이 아니고 죄 사함을 얻을 때 구원과 동시에 받는 것이 성경적이다.

만일 성령 세례를 받았는지 아닌지 모른다면 그는 죄 사함을 받지 못했거나 그에 대한 믿음(확신)이 없는 것이다. 이는 성령받음에 대한 교회 교육의 부재나 오류 또는 무관심에서 온 것일 수 있다.

성경 말씀이 진리인 것은 그 말씀의 원리가 어제나 오늘이나 영원토록 동일하기 때문이다. 그러므로 초대 교회 때 성도들이 성령 세례를 받았다는 성경의 말씀은 오늘날에도 여전히 유효하다.

초대 교회의 성령 세례

[표 9-1] 초대 교회의 성령 세례

구분	성령 세례 수혜자들의 상태	관련 말씀과 현상
제자들	예수의 말로 이미 깨끗해짐 (죄 사함을 받은 상태) 오순절 날 성령받음	요13:10, 15:3 방언 말함 (구원 후 성령 세례)
순례객	전도 받고 성령 세례 (구원 얻지 못한 상태) 베드로의 예수 증거	행2:37, 41 (구원과 동시 세례)
사마리아	하나님 말씀을 받음(구원) (예수 이름으로 세례만 받음) 성령받기 위한 기도와 안수	행8:14~17 시몬이 본 것 (구원 후 성령 세례)
사울	교회 강력 핍박자 (구원 얻지 못한 상태) 아나니아가 안수함	행9:17~19 성령으로 충만함 (구원과 동시 세례)
고넬료	유대 율법을 섬기던 이방인 (구원 얻지 못한 상태) 죄 사함 말씀듣는 중 성령오심	행10:44~48 방언, 하나님 높임 (구원과 동시 세례)
에베소	요한의 물세례를 받음 성령이 있음을 듣지도 못함 (구원 얻지 못한 상태) 바울의 예수 증거와 안수	행19:1~7 방언, 예언 (구원과 동시 세례)

□ 오순절 날 강림하신 약속의 성령

[행2:1] 오순절 날이 이미 이르매 저희가 다 같이 한곳에 모였더니 [2] 홀연히 하늘로부터 급하고 강한 바람 같은 소리가 있어 저희 앉은 온 집에 가득하며

부활하신 주님은 제자들에게 "며칠 후면 요한이 베푼 물세례와는 다른 성령으로 세례받게 될 것"이라면서 "예루살렘을 떠나지 말고 내게 들은바 아버지의 약속하신 것을 기다리라."라고 하셨다.

주님은 "오직 성령이 너희에게 임하시면 너희가 권능을 받고 예루살렘과 온 유대와 사마리아와 땅끝까지 이르러 내 증인이 될 것이다."라고 하시고 아버지께로 올라가셨다.

때마침 오순절 명절이 가까웠는데 제자들은 이 명절을 맞이하여 주님께서 분부하신 대로 예루살렘을 떠나지 않고 성전 앞 광장 부근의 한 집에 모여 "아버지의 약속하신 것"을 기다리고 있었고, 본토 유대인과 인근 주변 각 나라에서 온 수많은 유대 순례객도 운집해 있었다.

주께서 아버지께로 가신 지 열흘째 되는 오순절 날이 이르자 갑자기 위에서 급하고 강한 바람 같은 소리가 났다. 그것은 제자들이 앉아 있는 온 집안에 가득했고 불꽃이 마치 혀처럼 널름거리며 각 제자들 위에 머물렀다. 제자들은 다 성령의 충만함을 받았고 성령이 말하게 하시는 대로 각자 다른 언어로 말하기 시작했다. 이는 베드로가 증언한 "죄 사함을 얻으면 성령을 선물로 받는다."라고 하신 "이 약속"이다(행2:38~40).

이날(오순절 날) 예수의 제자들과 본토 유대인들과 주변국에서 모인 수많은 유대인 2세 순례객이 보는 앞에서 성령이 강림하시는 현상을 나타내 보이신 것은 모두 아버지의 계획이다.

오순절 날이 되자 위로부터 "급하고 강한 바람 같은 소리"가 나며 온 집에 가득했던 것은 부활하신 예수께서 제자들에게 "아버지의 약속하신 것을 기다리라."라고 하신 것처럼 그분이 오신 현상이다. "불의 혀같이 갈라지는 것"이 각 제자들 위에 임하여 있다가 제자들이 성령의 충만함을 받고, 각자 다른 방언으로 말하기 시작한 것은 요한의 물세례와는 다른 "성령으로 세례"받음이다.

이날 성령 강림 이후로 누구든 죄 사함을 얻으면 성령을 선물로 거저 받게 된 것은 아버지의 약속이다.

□ 구원 얻은 후에 성령으로 세례받음

첫째. 오순절 날의 예수님 제자들의 성령 세례

[행2:3] 불의 혀 같이 갈라지는 것이 저희에게 보여 각 사람 위에 임하여 있더니 [4] 저희가 다 성령의 충만함을 받고 성령이 말하게 하심을 따라 다른 방언으로 말하기를 시작하니라

오순절 날 아버지의 약속에 의해 예수 이름으로 오신 또 다른 보혜사이신 성령 그분이 강림하시어 제자들에게 임하시자 제자들은 성령의 충만함을 받았고 하나님의 권능을 받아 모두 다 예수 증인

이 되었다.

예수께서는 제자들과 함께 계실 때 "너희가 깨끗하다(요13:10)."라고 하셨으며 "너희는 내가 일러준 말로 이미 깨끗하였으니(요15:3)." 라고 하셨으므로 제자들이 성령받기 전에 이미 죄 사함을 받았음을 예수님께서 확인하신 것이다. 그러나 당시에는 예수님께서 아직 아버지께로 가시기 전이므로 성령으로 세례받을 수는 없었다.

예수님이 계실 때 이미 구원 얻은 제자들은 이날 아버지의 약속하신 성령 그분이 강림하셔서 즉시 "성령으로 세례"를 받고 권능을 받았는데, 이는 구원을 얻은 후 성령을 받은 예이다.

제자들은 성령 세례를 받자마자 위협을 무릅쓰고 즉시 예수를 증거했는데, 이는 성령 세례를 받음으로써 하나님의 권능을 받으므로 복음에 대하여 담대함이 생겼기 때문이다.

둘째, 사마리아 교회의 성령 세례

[행8:14] 예루살렘에 있는 사도들이 사마리아도 하나님의 말씀을 받았다함을 듣고 베드로와 요한을 보내매 [15] 그들이 내려가서 저희를 위하여 성령받기를 기도하니 [16] 이는 아직 한 사람에게도 성령 내리신 일이 없고 오직 주 예수의 이름으로 세례만 받을 뿐 이러라 [17] 이에 두 사도가 저희에게 안수하매 성령을 받는지라 [18] 시몬이 사도들의 안수함으로 성령받는 것을 보고 돈을 드려 [19] 가로되 이 권능을 내게도 주어 누구든지 내가 안수하는 사람은 성령을 받게 하여 주소서 하니

사마리아에 전도자 빌립에 의해 복음이 전파되자 사람들에게 놀

랄 만한 기적이 많이 나타나고 그 성의 많은 사람은 빌립이 전하는 하나님 나라와 예수 그리스도의 이름(죄 사함 얻고 구원 얻음)을 전하는 복음을 믿고 세례를 받아 전심으로 빌립을 따랐다(행8:12~13).

이 소식은 예루살렘의 제자들에게 "사마리아도 하나님의 말씀을 받았다."라고 전해졌는데 예루살렘의 사도들은 이 사실을 확인하기 위해 베드로와 요한을 사마리아에 파견했다.

사마리아에 도착한 베드로와 요한은 그들의 신앙 상태를 확인했다. 그 결과 아직 한 사람에게도 성령 내리신 일이 없고 오직 주 예수 이름으로 세례만 받은 것을 확인하게 되었다. 이에 베드로와 요한은 그들에게 다시 구원 얻는 복음을 전하지 않고 "성령받기(성령 세례)"를 위하여 기도하고 안수했다. 그러자 그들도 동일하게 성령으로 세례를 받았다.

사도들이 안수함으로써 성령받는 것을 보고 마술사이던 시몬은 사도들에게 돈을 주며 말하기를 "이 권능을 내게도 주어 누구든지 내가 안수하는 사람은 성령을 받게 하여 주소서."라고 했다.

사마리아 교회는 성령으로 세례를 받기 위해 율법적·도덕적으로 어떤 선행이나 공로를 인정받지는 않았다. 예수님의 제자들이 예수께서 해 주신 말씀으로 이미 깨끗해진 것(죄 사함)처럼 사마리아 교회는 빌립이 전하는 하나님 나라와 예수 그리스도의 이름을 믿고 세례를 받고 전심으로 그리스도를 따랐다.

사마리아 교회가 '주 예수 이름으로 세례(구원)'를 받았는데도 예루살렘에서 사도들이 파견되기 전까지 아직 성령으로 세례받지 못한 이유는 무엇이었을까?

그중 한 가지 이유는 **예루살렘 제자들과의 화목(사마리아 선교의 승인)을 위해 하나님께서 잠시 보류하셨을 수 있다.**

사마리아인들을 북방 이방인들과의 혼인으로 하나님을 떠나 우상을 섬기는 혼혈족이라 하여 예루살렘의 그리스도인들은 그들을 사람 취급도 하지 않고 상종하지도 않았다. 그런 그들이 하나님의 말씀을 받았다고 하나 예루살렘에서는 인정하고 싶지도 않았을 것이다.

그러나 예루살렘의 제자들은 사마리아 교회가 자기들과 동일하게 성령받는 것을 보고 그들도 예루살렘의 제자들과 한 피를 나눈 한 형제자매임을 인정했다. 이는 그들이 서로 사랑으로 교제하도록 하기 위해서 하나님께서 특별히 계획하시고 보류하셨던 것임을 유추해 볼 수 있다.

또 다른 이유는 **전도자 빌립이 사마리아 교회에 "죄 사함을 얻음으로 성령을 받는 진리(행2:38)"를 가르치지 않았으므로 예수 이름으로 세례만 받고 성령은 받지 못했을 수 있다.**

사마리아 교회가 구원 후 성령으로 세례를 받았다고 해서 오늘날도 그처럼 구원 얻은 후 성령으로 세례받는 것이 하나님의 뜻이라고 주장하는 것은 성경의 여러 정황에 합당하지 않다.

죄 사함을 얻고 성령을 선물로 받으면(행2:38, 성령이 오심·임하심) 성령 그가 임하신 것이다. 그러므로 "오직 성령이 너희에게 임하시면 너희가 권능을 받고 내 증인이 되리라(행1:8)."라고 하신 주님 말씀대로 성령의 충만함을 받고 성령으로 세례를 받는다.

만일 하나님으로부터 죄 사함을 얻은 믿음이 있다면 그는 아버지께서 약속하신 성령 그분을 구원의 선물로 받을 것이다. 이때 죄 사함을 얻고 구원 얻은 자에게 오신 성령 그분은 구원 얻은 자에게 예수 증인이 되게 하기 위한 권능을 주시기 위한 성령으로 세례를 주신다.

그러나 빌립이 사마리아 교회에서 성령받은 교훈을 바르게 가르치지 않았다면 그들은 성령을 받지 못했을 수도 있다. 빌립이 교훈을 바르게 가르친 덕분에 예루살렘에서 사마리아에 간 사도들이 그들을 위하여 성령받기를 기도하고 안수함으로써 그들은 성령을 받을 수 있었다.

오늘날도 많은 교사가 성령받음에 대하여 성경적으로 바르게 가르치지 못한다면 그로 인해 준비되어 있는 많은 사람이 성령을 받지 못하고 구원에 대해 의심하고 신앙생활에 있어서 방황한다. 이를 볼 때 참으로 안타까운 마음이 든다.

□ 구원 얻음과 동시에 성령으로 세례 받음

첫째, 오순절 날 예루살렘 광장의 경건한 유대인들의 성령 세례가 있다.

[행2:37] 저희가 이 말을 듣고 마음에 찔려 베드로와 다른 사도들에게 물어 가로되 형제들아 우리가 어찌할꼬 하거늘 (…) [41] 그 말을 받는 사람들은 세례를 받으매 이날에 제자의 수가 삼천이나 더하더라

오순절 날 제자들이 성령의 충만함을 받고 방언을 말하자 예루살렘 성전 앞 광장에 모여 있던 수많은 순례객이 술렁거리기 시작

했다. 일부 유대인들은 예수의 제자들이 대낮에 술에 취해서 횡설수설한다고 조롱했고, 경건한 유대 순례자(디아스포라)들은 "저들(제자들)이 우리가 살고 있는 나라의 말로 하나님의 일을 말한다."라고 하며 이상히 여겼다.

성전 앞 광장의 이런 상황을 감지한 베드로와 제자들은 수많은 유대 군중을 향하여 "이스라엘 백성들아, 너희가 정말로 바로 알아야 할 것은 너희가 십자가에 못 박은 이 예수를 너희가 믿는 하나님이 너희의 주와 그리스도 되게 하신 것이다."라고 책망했다.

경건한 유대인(디아스포라)들은 베드로의 이 말을 듣고 마음에 찔려 베드로와 다른 사도들에게 "형제들아, 우리가 어찌할꼬."라고 했다. 그러자 사도 베드로는 "너희가 회개하고 예수 이름으로 세례를 받으면 (너희도 우리와 같이) 성령을 선물로 받는다."라고 말하며 "이 약속은 하나님을 거역하는 이 패역한 세대에서 구원 얻은 자 누구에게나 하신 하나님의 약속이다."라고 증언했다.

성경은 이때 "그 말을 믿고 세례를 받아 제자가 된 사람의 수가 삼천이나 더 했다."라고 기록하고 있다. 이들(경건한 유대인, 즉 교포 2세이자 디아스포라)은 구원과 동시에 성령으로 세례를 받았다.

둘째, 사울이던 바울의 성령 세례를 보자.

[행9:17] 아나니아가 떠나 그 집에 들어가서 그에게 안수하여 가로되 형제 사울아 주 곧 네가 오는 길에서 나타나시던 예수께서 나를 보내어 너로 다시 보게 하시고 성령으로 충만하게 하신다 하니 [18] 즉시 사울의 눈에서 비늘 같은 것이 벗어져 다시 보게 된지라 일어나 세례를 받고

[19] 음식을 먹으매 강건하여지니라 사울이 다메섹에 있는 제자들과 함께 며칠 있을새 [20] 즉시로 각 회당에서 예수의 하나님의 아들이심을 전파하니

사울은 유대 바리새인으로 예수의 제자들을 색출해서 감옥에 넘기기 위해 다메섹으로 출장 가는 도중에 부활하신 예수님을 만났다. 그가 다메섹에 거의 도착했을 때 갑자기 하늘로부터 강한 빛이 둘러 비추었다. 그로 인해 눈이 멀어 말 위에서 떨어져 땅에 엎드렸다.

이때 사울은 "일어나 성으로 들어가라. 행할 것을 네게 이를 자가 있다."라고 하시는 예수님의 음성을 듣고 일어나 눈을 떴다. 그러나 아무것도 보지 못하고 동료들의 부축을 받아 '직가'라는 거리에 있는 유다의 집에 머물게 되었다.

그 후 사흘 동안 식음을 전폐하고 있는데 주님의 제자 아나니아가 주님의 명을 받고 사울에게 와서 "형제 사울아, 네가 오는 길에 나타나셨던 예수께서 나를 보내어 너로 다시 보게 하시고 성령으로 충만하게 하신다."라고 하면서 안수했다. 그러자 사울의 눈에서 비늘 같은 것이 벗어져 다시 보게 되자 그는 즉시 세례를 받았다.

세례를 받고 난 그는 음식을 먹고 강건해졌다. 즉시 다메섹에 있는 예수의 제자들과 며칠 동안 함께 있으면서 여러 회당에 나가 자기가 만난 예수를 전하고 예수가 하나님의 아들이심을 전했다. 그러자 그곳 유대인들이 사울을 죽이기로 공모했다.

사울(바울)은 하나님을 믿는 유대 바리새파의 열심 당원으로, 예수님의 제자들에게는 살기가 등등하여 믿는 자들을 색출해서 옥에

넘기는 잔악한 핍박자였다. 그러나 그는 아나니아에게 안수받고 성령으로 충만해졌으며 구원과 동시에 세례를 받았다.

셋째, 이방인 고넬료 가정의 성령 세례(행10:44~48)를 보자.

[행10:44] 베드로가 이 말 할 때에 성령이 말씀 듣는 모든 사람에게 내려 오시니 [45] 베드로와 함께 온 할례받은 신자들이 이방인들에게도 성령 부어 주심을 인하여 놀라니 [46] 이는 방언을 말하며 하나님 높임을 들음이러라 [47] 이에 베드로가 가로되 이 사람들이 우리와 같이 성령을 받았으니 누가 능히 물로 세례 줌을 금하리요 하고 [48] 명하여 예수 그리스도의 이름으로 세례를 주라 하니라 저희가 베드로에게 수일 더 유하기를 청하니라

고넬료는 이스라엘 식민 군대의 백부장으로, 이방인이었지만 평소에 하나님께 기도하며 많은 사람을 구제하는 인심 좋은 사람이었다. 그는 환상 중에 하나님의 사자의 말을 듣고 베드로를 집으로 초청했는데 베드로는 "예수께서 많은 사람들에게 성령을 기름 붓 듯 하시며 그를 믿는 사람들이 그 이름을 힘입어 죄 사함을 받는 다."라는 말씀을 증거했다.

성령께서 그 말씀을 듣는 고넬료 가정의 모든 사람에게 내려와 성령을 부어 주셨다. 이들이 방언을 말하며 하나님을 높이자 사도들과 함께 온 예루살렘의 제자들은 이방인에게도 자기들과 같이 동일하게 성령 부어 주심에 놀랐다.

그러자 베드로는 "이 사람들이 우리와 같이 성령을 받았으니 누

가 능히 물로 세례 줌을 금하리요."라고 말하고는 예수 그리스도 이름으로 세례를 주라 했다.

베드로가 고넬료 가정에서 주 예수 이름으로 '죄 사함'을 얻는 말씀과 '성령 세례'에 대해 증거한 것을 보면 이 가정은 그때까지 죄 사함을 얻지 못했으며 구원을 얻지 못한 상태였다. 백부장 고넬료의 가정도 구원 얻음(죄 사함)과 동시에 성령으로 세례를 받았다.

넷째, 에베소 교회의 성령 세례를 보자.

[행19:1] 아볼로가 고린도에 있을 때에 바울이 윗 지방으로 다녀 에베소에 와서 어떤 제자들을 만나 [2] 가로되 너희가 믿을 때에 성령을 받았느냐 가로되 아니라 우리는 성령이 있음도 듣지 못하였노라 [3] 바울이 가로되 그러면 너희가 무슨 세례를 받았느냐 대답하되 요한의 세례로라 [4] 바울이 가로되 요한이 회개의 세례를 베풀며 백성에게 말하되 내 뒤에 오시는 이를 믿으라 하였으니 이는 곧 예수라 하거늘 [5] 저희가 듣고 주 예수의 이름으로 세례를 받으니 [6] 바울이 그들에게 안수하매 성령이 그들에게 임하시므로 방언도 하고 예언도 하니 [7] 모두 열두 사람쯤 되니라

사도 바울이 에베소 교회에 잠시 와서 머물고 있을 때 그곳 교인들이 성령으로 세례받지 못한 것을 알고 그들에게 "너희가 믿을 때에 성령을 받았느냐?"라고 묻자 그들은 "아니라 우리는 성령이 있음을 듣지도 못했다."라고 했다.

그러자 바울은 요한이 백성에게 회개의 세례를 베풀며 "내 뒤에

오시는 이를 믿으라 했는데 이는 곧 성령과 불로 세례를 주시는 예수를 말한 것이다."라고 증거했다.

그들은 바울이 전하는 이 말씀을 믿고 주 예수 이름으로 세례를 받고 바울이 그들에게 안수하자 성령이 임하시므로 방언도 하고 예언도 했는데 모두 열두 사람쯤 되었다고 성경은 기록하고 있다.

그들은 죄를 회개하게 하기 위한 요한의 물세례는 받았지만 성령이 있음을 듣지 못했을 뿐 아니라 주 예수 이름으로 세례받지도 않았으므로 그리스도 예수로 말미암아 죄 사함 얻고 구원 얻는 진리를 알지 못했다. 그러므로 구원을 얻지 못한 상태였다. 그들은 바울이 전한 구원의 복음을 듣고 믿어 예수 이름으로 세례를 받고 죄 사함을 얻고 구원과 동시에 성령으로 세례받았다.

초대 교회 때 유대 순례객들과 사울과 고넬료 가정과 에베소 교회는 구원과 동시에 성령으로 세례받은 사례인 데 반해 제자들과 사마리아 교회는 먼저 구원을 얻은 후 성령으로 세례를 받았다.

예수님과 사마리아 교회처럼 특수한 경우를 제외하고는 초대 교회 때 죄 사함(구원)을 얻음으로써 또 다른 보혜사이신 성령이 오시고 그로 인해 동시에 성령으로 세례받았다. 오늘날도 그때와 같이 죄 사함을 얻고 구원 얻음으로써 성령 그분이 오시고 이로 인하여 동시에 성령으로 세례를 받는다. 이것이 아버지의 약속이며 성경적인 성령으로 세례받음이다.

예수님은 제자들에게 '행1:8'에서 "성령이 임하시면" 권능을 받고 예수 증인이 되는 성령 세례를 받는다고 하셨다. 사도 베드로는 '행 2:38~40'에서 "죄 사함을 얻고 구원 얻을 때" 성령이 임하신다고 다음과 같이 증언하고 있다.

[행1:8] 오직 성령이 너희에게 임하시면 너희가 권능을 받고 예루살렘과 온 유대와 사마리아와 땅끝까지 이르러 내 증인이 되리라 하시니라

[행2:38] 베드로가 가로되 너희가 회개하여 각각 예수 그리스도의 이름으로 세례를 받고 죄 사함을 얻으라 그리하면 성령을 선물로 받으리니 [39] 이 약속은…

'성령 세례'는 성경에서 말씀하고 있는 대로 그때나 지금이나 동일하신 성령을 동일한 방법으로 동일하게 받는다. 예수께서 '행1:8'에서 "성령이 임하시면 (죄 사함을 얻을 때) 성령의 충만함을 받고 성령으로 세례를 받는다."라고 말씀하신 것 같이 이 약속의 말씀을 믿음으로 받아야 한다.

성경에서는 "하나님의 말씀은 어제나 오늘이나 영원토록 동일하다."라고 했다. '성령 세례'가 초대 교회 때는 필요했지만 오늘날은 불필요하다거나 또 그때와 다른 방법으로 받아야 한다고 주장한다면 이는 하나님의 말씀에 합당하지 않다.

[표 9-2] 초대 교회의 성령 세례 정리

구분	세례 방법	현상	성경
제자들	오순절 날	방언	행2:1~4
사마리아	세례 위한 안수	시몬이 본 것	행8:14~17
사울	성령 충만의 안수	성령 충만	행9:17~19
고넬료	죄 사함의 말씀	방언, 높임	행10:44~48
에베소	예수 증거, 안수	방언, 예언	행19:1~7

[표 9-1]과 [표 9-2]와 같이 초대 교회의 성령 세례는 주로 먼저 세례받은 자들의 안수(3회)와 죄 사함의 말씀을 듣는 중(1회)에 성령으로 세례를 받았고 그 현상은 방언이다.

마술사 시몬이 성령받는 것을 보았다고 했는데 명확한 기록은 없지만 시몬이 본 것은 방언을 말하는 것일 수 있고 바울은 누구보다도 방언 말함을 강조하는 사도인 것으로 보아 성경적인 성령 세례의 증거는 방언이다.

사람이 구원을 얻고도 '성령 세례'를 받지 못하는 것은 교회 교육의 부재 때문이다. 그러므로 교회는 구원만 증거하지 말고 구원 얻을 때(죄 사함 얻을 때) '성령 세례'도 받는 것이라고 가르쳐야 한다.

오늘날 구원의 확신은 있지만 성령으로 세례받지 못했다면 '눅11:9~14(마7:7~11)'에서 말씀하신 대로 찾고 구하고 두드려야 한다. 이것이 성령 세례를 받는 성경적인 방법이다.

성령 세례의 외적 증거, 권능

[행1:5] 요한은 물로 세례를 베풀었으나 너희는 몇 날이 못 되어 성령으로 세례를 받으리라 하셨느니라 [8] 오직 성령이 너희에게 임하시면 너희가 권능을 받고 예루살렘과 온 유대와 사마리아와 땅끝까지 이르러 내 증인이 되리라 하시니라

성령을 받는 것은 아버지가 약속하신 또 다른 보혜사를 구원의 선물(죄 사함)로 받는 것이고 성령으로 세례받는 것은 그분께서 오셔서 예수 증인의 권능을 주시는 것이다. 이는 하나님께서 각 사람에게 죄 사함을 얻고 구원을 얻음과 동시에 행하시는 단회적인 사건이다.

아버지의 약속하신 성령 그분(선물)은 죄 사함을 얻고 구원 얻은 자에게 오셔서 구원을 인치시고 보증하시며(내주하심) 회개에 합당한 열매를 맺어 산 제사를 드리게 하신다. 또 예수 증인이 되는 권능을 주셔서 복음 전파 현장에 주께서 함께 역사하셔서(외주하심) 그 따르는 표적(권능, 즉 은사)으로 말씀을 확실하게 증거하신다.

사도 바울은 갈라디아 교인들이 성령을 받고도 성령께 순종하기보다는 율법을 강조하는 것을 보고 그들에게 다른 것은 다 그만두고 다만 알고자 하는 것은 "너희가 성령을 받은 것은 율법의 행위로냐? 듣고 믿음으로냐?(갈3:2)"라고 질문하며 성령은 믿음으로 받는 것임을 상기시켰다. 그들은 자기들이 성령받음에 대한 약속의 말씀을 믿음으로 받은 것이 확실하기 때문에 바울의 질책에 반문하지 못했다.

바울은 또 에베소 교회에 방문했을 때 그들에게 "너희가 믿을 때에 성령을 받았느냐?"라고 질문했는데 그들은 "성령이 있음을 듣지도 못했다."라고 했다. 그들이 성령이 있음을 듣지도 못했다면 그들은 구원받지도 못한 것이다.

바울은 그들에게 침례 요한이 물로 세례를 베풀며 말한 성령으로 세례 주시는 예수를 전했는데, 그들은 이를 듣고 주 예수 이름의 세례를 받았다. 이때 바울이 안수하자 성령이 그들에게 임하시므로 방언도 하고 예언도 했다(행19:6). 이와 같이 성령 세례는 성령을 선물로 받는 것처럼 아버지의 약속의 말씀을 믿어야 받을 수 있다.

성령의 선물과 성령 세례는 각 사람에게 단회적인 사건이며 성령 충만함의 결과로 오는 사건이다. 사람이 죄 사함을 얻고 성령을 선물로 받을 때(각 사람에게 성령이 처음 오실 때) 성령 충만함을 받고 '성령으로 세례'를 받아 예수 증인이 되게 하는 권능도 받는다.

어떤 사람이 구원은 얻었다고 하면서도 성령(선물로 받는 성령)을 받았는지 안 받았는지 잘 모르겠다고 말하면 이는 성경 말씀에 부합하지 않는다. 왜냐하면 구원은 죄에서 구원 얻는 것이며 죄 사함을 얻으면 성령을 선물로 받는 것(행2:38)이고 동시에 성령으로 세례도 받는 것이 아버지의 약속이기 때문이다.

교회 공동체의 많은 사람이 구원은 얻었지만 성령(선물로 받는 성령)을 받지 못했다고 한다. 이는 '행2:38'에서 베드로가 말한 "죄 사함을 얻으면 성령을 선물로 받음"과 하나님께서 선지자 요엘을 통해서 구원 얻은 자 누구에게나 약속하신 "내 신을 주겠다."라는 약속, 부활하신 주께서 제자들에게 "예루살렘을 떠나지 말고 아버지의 약속하신 것을 기다리라."라고 하신 말씀과 충돌하는 것이다.

'행1:4'에서 부활하신 주님께서 제자들에게 "아버지의 약속하신 것"을 기다리라고 하신 것은 '성령 세례'를 말씀하신 것이다. 또한, 그분(또 다른 보혜사 성령)이 제자들에게 임하시면(오시면) 요한의 물 세례와는 다른 예수 증인이 되는 '권능'을 받는 것(행1:5, 8)을 말씀하신 것이다.

부활하신 주님의 분부대로 아버지가 약속하신 것을 기다리다 오순절 날 성령으로 세례받은 사도 베드로도 '행2:38~40'에서 증언한다. "죄 사함을 얻으면 성령을 선물"로 받는 약속은 하나님께서 구원 얻은 자 누구에게나 하신 것이라고 말이다.

성경은 초대 교회 때 성령으로 세례받은 것을 방언(제자들, 고넬료, 에베소 교회), 예언(에베소 교회), 하나님을 높임(고넬료 가정), 세례받음(오순절 순례객), 성령 충만(사울이던 바울), 마술사 시몬이 본 권능받는 것(사마리아교회) 등으로 표현하고 있다.

초대 교회 때처럼 오늘날도 성령 세례를 받는다는 외적 증거가 몇 가지 있다. 첫째는 구원 얻으면 누구나 권능받고 예수 증인이 되는 성령으로 세례를 받는 것이고(행1:8), 둘째는 예수 증인의 사역 현장에 주께서 함께하시어 그 따르는 표적으로 말씀을 확실하게 증거해 주신다는 것이다(막16:15~20).

오늘날도 성령으로 세례받는 것은 초대 교회 때나 다름이 없다. 왜냐하면 진리의 말씀이신 하나님 아버지의 약속의 말씀은 영원토록 변치 않는 동일하신 말씀이기 때문이다.

성령으로 세례받은 제자들이나 초대 교회는 성령받기 위해 여러 날을 기다리거나 온 힘을 다해 몇 날 며칠씩 작정하고 기도하거나 금식하거나 철야하지 않았다.

제자들은 아버지께서 계획하신 오순절 날이 되어 아버지께서 계획하신 장소에 모여 기다리고 있다가 성령으로 세례받았다. 초대 교회들은 "예수 이름으로 죄 사함을 얻으면 성령을 받는다."라는 제자들이 전하는 복음의 말씀을 듣고 믿었으며, 안수받음으로써 성령으로 세례받을 수 있었다.

오늘날 성령 세례받는 것도 성경 말씀대로 죄 사함을 얻고 구원 얻을 때 성령을 선물로 받는다. 이때 임하신 성령께서 세례 주심을 믿고 안수받아야 성령으로 세례받는다(행1:8).

Q. 당신은 성령으로 세례를 받았습니까?

Q. 당신이 성령으로 세례받은 증거는 무엇입니까?

Q. 당신은 성령 세례를 언제(구원 얻을 때, 구원 후) 받았습니까?

Q. 당신이 성령으로 세례받을 때 어떤 현상이 있었고 그 결과는 무엇입니까?

Q. 혹시 성령으로 세례는 받았지만 그 현상과 결과는 잘 모르십니까?

| 결론 |

믿음으로 받는 아버지의 약속

내 아들이 결혼하기 전 아파트 리모델링을 한다고 돈을 보내 달라고 했다. 그래서 나는 필요로 하는 금액을 통장으로 입금하고 아들에게 전화했다. 아들은 통장을 확인하고 즉시 공사를 시작했다.

그러나 만일 내 아들이 전화로 한 말을 믿지 못하고 자기 통장을 확인하지 않았다면 아파트 리모델링 공사를 제때 하지 못하고 계속 기다리고만 있었을 것이다. 사람이 성령을 받는 것(선물과 세례)도 이와 동일하다.

하나님 아버지께서 선지자를 통해서 "죄 사함을 얻고 구원 얻은 자 누구에게나 성령을 주시겠다."라고 하신 약속의 말씀을 믿지 못하거나 그 말씀을 모르고 있다면 이는 내 아들이 요구한 금액을 통장으로 입금했다는 나의 전화를 믿지 못하거나 또 자기 통장을 확인해 보지 않고 계속 기다리고만 있는 것과 같다.

아들이 필요하다니까 아버지가 조건 없이 그냥 선물을 주듯이 필요한 금액을 송금해 준 것이다. 성령을 선물로 받는 것도 아버지께서 죄 사함을 얻고 구원 얻은 자 누구에게나 약속하신 대로 주시는 것이다. 그러므로 우리는 받기만 하면 된다.

교회의 많은 사람이 정말로 성령을 받았는지 분명하게 알지 못해서 갈등하는 것은 그 받고 못 받음이 애매해서가 아니다. 이는 죄사함에 대한 확실한 믿음이 없기 때문이다.

그러면 죄 사함에 대한 믿음이 왜 확실하지 않을까? 그것은 두말할 필요도 없이 예수 이름의 세례를 받지 않았기 때문이다. 이는 진실로 회개하는 과정이 없었기 때문인데, 역시 교회 교육의 부재가 원인이다.

예수 이름으로 세례받는 것은 지금까지 자신의 유익만을 위해 죄를 죄로 인정하지 않는 삶의 자세를 버리고 이제는 대신 죽으신 예수를 위해 살겠다는 신앙의 결단을 한 것이다. 이는 지금까지의 삶의 가치관을 예수를 위한 새로운 가치관으로 온전히 전환하는 것이다(고후5:15, 갈2:19~20).

그런데 삶의 가치관을 여전히 세상에 두고 종교 생활을 하고 있다면 말로는 예수를 믿는다고 말해도 마음으로는 예수 이름으로 세례를 받을 수가 없다. 이는 죄에 대한 회개가 온전하지 못하기 때문이다.

그러므로 사람이 온전히 회개하고 예수 이름으로 세례받는 신앙의 결단을 했다면 하나님께서 그의 죄를 사하시고 구원의 선물로 성령을 주신다. 이때 성령 충만을 받고 성령으로 세례를 받게 된다.

성령을 선물로 받는 것은 하나님의 용서에 대한 믿음으로 받는 내적 확신이며 성령께서 권능을 주셨음을 믿음으로써 받는 외적 현상이다.

[표 결-1] 성령을 선물로 받음과 성령 세례

구분	성령	작용	인지	성경
성령주심	성령을 주심	인침, 보증	열매	고후1:22, 행2:38
	기름 부으심	권능	증인	행1:8, 고후1:21

그러므로 당신이 만일 죄 사함을 얻고 성령을 선물로 받은 것이 확실하다면 당신에게 오신 성령 그분께서는 당신을 하나님의 자녀로 인치시고 영생 보증을 하신 것이다. 그러므로 당신은 회개에 합당한 열매를 맺고 산 제사를 드리도록 인도하심(내주하심)을 받을 것이다. 동시에 그분께서 당신에게 예수 증인의 권능을 주신 것을 믿게 하시고 복음에 담대하게 하셔서 나가 복음을 전하게 하실 것이다. 그때 주께서는 당신과 함께 역사하셔서(외주하심) 그 따르는 표적으로 당신이 전하는 말씀을 확실하게 증거하신다.

그러나 만일 죄 사함을 얻지 않았다면 성령을 선물로 받지 않았으므로 성령의 충만함을 받을 수 없으며 성령으로 예배하거나 세례받을 수 없다.

오늘날 교회 구성원들이 성령 세례를 받지 못하는 것은 성령 세례는 가르치지 않고 구원만 강조하는 잘못된 가르침이나 교회 교육의 부재, 성령에 관한 무관심 탓이다. 이로 인해 깨닫지 못하거나 잘못 알고 있거나 믿음이 없는 것이다.

그러므로 온전한 회개와 예수 이름으로 세례받는 신앙의 결단과 죄 사함을 얻으면 성령을 선물로 받는다는(동시에 성령 세례) 하나님의 약속 말씀을 확실하게 믿어야 한다.

성령으로 세례받지 못한 많은 사람이 교회를 출석하면서도 율법과 도덕을 신앙으로 생각한다. 그러면서 세상이 추구하는 가치와 선행, 각종 교회 행사에 열심을 낸다. 그러나 마음속에는 구원 얻음에 대한 감사와 기쁨이 없고 영생 유업의 소망과 기쁨도 없으므로 신앙생활에 대한 갈등과 회의로 방황하게 된다.

이로 인해 사람들의 눈을 의식하게 되고 교회 활동은 무거운 짐이 된다. 때로는 교회 출석의 무의미함을 절감하면서 차라리 교회 생활을 포기하고 마음 편하게 살고 싶다고 생각하게 된다. 그러나 오랜 세월 습관처럼 해 오던 교회 생활을 쉽게 포기하기도 어려워 갈등만 심화된다.

이런 상태의 교회 구성원들이 교회의 중요한 의사 결정(신앙)을 하는 데 막대한 영향력을 행사하기 때문에 오늘날 교회는 세속화 되었고 타락했다.

성령받음에 대한 아버지의 약속에서 중요한 사실은 "**죄 사함을 얻으면 아버지께서 아무 조건 없이 또 다른 보혜사이신 성령 그분을 구원의 선물로 주시며**(모셔 들임) **이때**(동시에) **내 마음에 오신 성령 그분이 성령으로 세례를 주시어 권능을 받고 예수증이 되게 한다.**"라는 아버지의 약속을 믿어야 한다는 것이다.**

아버지께서 성령을 주신 것은 구원을 인치고 영생 유업의 약속을 보증하시는 것이며 예수 증인의 권능을 주시는 것이다. 이때 증인의 권능을 따로 받아야 한다거나 주지 않는다면 이는 이율배반이자 신뢰할 수 없는 약속이다.

그러므로 죄 사함(구원)**을 얻고도 성령을 선물로 받지 못할 이유가 없으며**

죄 사함을 얻었다면(구원) 성령으로 세례받지 못할 이유도 없다.

교회 구성원 중 많은 사람이 구원 얻는 것과 성령을 선물로 받고 성령으로 세례받는 것을 별개의 것으로 알고 있다. 이는 구원 얻은 자 누구에게나 성령을 선물로 주시겠다는 아버지의 약속 말씀과 "성령이 임하시면 권능을 받고 내 증인이 되리라."라고 하신 예수님 말씀에 부합하지 않는다. 왜냐하면 사람이 구원을 얻고 성령을 선물로 받았다면 이는 이미 성령이 임하신 것이기 때문이다.

그러므로 죄 사함을 얻은 것에 대한 믿음이 있다면 복음을 전할 때 주께서 함께 역사하시어 따르는 표적으로 권능을 나타내 주실 것이고 그가 전하는 말씀을 확실하게 증거해 주심으로써 성령으로 세례받았음을 확인할 수 있을 것이다.

아버지께서 약속하신 성령에 대하여 독자의 이해를 돕고자 아래와 같이 다시 한번 요약 정리했다.

□ 사도 베드로가 증언한 "성령의 선물"(행2:38~40)

오순절 날 성령으로 세례받은 사도 베드로는 "죄 사함을 얻으면 성령을 선물로 받는 이 약속"은 하나님께서 부르시는 자들, 즉 이 패역한 세대에서 구원 얻은 자들 누구에게나 약속하신 것이라고 증언했다(행2:39~40).

죄 사함을 얻으면 성령을 선물로 받는다는 것은 하나님께 성령을 달라고 몸부림치며 애걸하고 사정해야 받을 수 있다는 것이 아니라 죄 사함을 얻으면 구원의 선물로 거저 받는 것이라는 의미이다

(행2:38).

성령 주심은 인간의 공로나 노력 또는 신앙 수준을 보고 주시는 것이 아니다. "죄 사함을 얻고 구원 얻은 자"에게 선물로 주시겠다는 아버지의 약속(욜2:28~32)에 의해서 거저 주는 것이다.

□ 예수님이 말씀하신 성령(세례)

첫째, "아버지의 약속하신 것을 기다리라."라고 하신 것(행1:4~5, 8)

부활하신 주님이 제자들에게 "아버지의 약속하신 것을 기다리라." 하신 것은 요한의 물세례와는 다른 "성령으로 세례"를 받는 것이라고 하셨다(행1:4~5). 이 세례는 권능을 받고 예수님의 증인이 되게 하는 세례이다(행1:8).

제자들은 이 약속을 받기 위한 어떤 특별한 행동을 하지 않고 기다리다가 오순절 날이 되자 받게 되었다. 제자들이 모여 기도했기 때문에 받은 것이 아니고 하나님이 계획하신 오순절 날이 되었으므로 하나님께서 계획하신 날에 보내 주심으로 받은 것이다.

둘째, "또 다른 보혜사"의 약속(요14:15~18)

예수님께서는 아버지께 구해서 자기를 사랑하는 자들에게 또 다른 보혜사를 보내 주셔서 영원토록 함께 있게 해 주시겠다고 하셨다. 믿지 않는 자는 성령을 보지도 못하고 알지도 못하지만 주님을 사랑하는 자는 성령을 알기 때문에 성령은 그와 함께 거하시고 또 그 마음속에 계신다(요14:17).

주님은 이런 사람을 고아와 같이 버려두지 않고 주님 다시 오시는 그 날까지 또 다른 보혜사가 주님 대신 영원히 함께하신다.

□ 초대 교회의 성령(세례)

첫째, 사마리아 교회(행8:14~18)

집사 빌립의 전도로 구원 얻은 후 예루살렘의 사도들이 내려가 구원의 말씀을 증거하지 않고 성령받기를 기도하며 안수하므로 그들이 성령으로 세례받았다. 그들은 성령을 받기 위해 어떤 특별한 공로나 노력(기도, 행위)을 하지 않고 다만 성령받기 위한 사도들의 안수를 받았다.

둘째, 핍박자 사울(행9:17~20)

사울은 믿는 자를 핍박하러 가던 도중 길에서 주님을 만나(환상) 눈이 멀어 동료들에 부축받아 여관에 머물렀다. 그러던 중 주님의 제자 아나니아가 안수하며 "네가 오는 길에서 나타나시던 예수께서 나를 보내 너로 다시 보게 하시고 성령으로 충만하게 하신다."라고 했다. 사울(바울)은 삼 일 전까지만 해도 믿는 자를 색출하기 위해 예루살렘에서 다메섹으로 출장 가던 바리새파의 열심 당원이었다. 그는 구원 얻음과 동시에 성령으로 세례를 받았다.

셋째, 로마 군대 백부장 고넬료(행10:43~48)

고넬료는 이스라엘의 식민 지배 국가 군대의 백부장이었다. 그는 비록 이방인이었지만 하나님께 기도하며 구제를 많이 베풀던 자다. 어느 날 기도하던 중 환상 중에 천사의 지시로 베드로를 초청해 구원의 말씀을 듣게 되었다. 베드로가 "하나님이 보내신 나사렛 예수를 믿는 자들이 다 그 이름을 힘입어 죄 사함을 받는다(행2:38)"라는 말씀을 전할 때 말씀을 듣는 모든 사람에게 성령이 내려오셨다. 예루살렘에서 베드로와 함께 온 할례 받은 신자들이 이방인들에게도 성령 부어 주심을 인하여 놀랐는데 이는 방언을 말하며 하나님 높임을 들었기 때문이다. 고넬료와 그 가족들은 성령을 받기 위해 특별히 준비하지 않았지만 예수 이름으로 죄 사함을 얻는 구원의 말씀을 듣고 오순절 날 예루살렘의 제자들과 동일하게 성령을 받았다. 그들은 구원과 성령 세례를 동시에 받았다.

넷째, 에베소 교회(행19:1~7)

에베소 교회 교인들은 요한의 물세례는 받았지만 성령이 있음을 들어보지도 못한 교인들이다. 그들은 성령을 들어보지도 못했으니 구원을 얻었다고 할 수도 없다. 요한이 물로 세례 주면서 "내 뒤에 오시는 이를 믿으라 하신 그이가 바로 예수"라고 하자 그들이 주 예수 이름으로 세례를 받았고(신앙의 결단) 바울이 안수하자 그들에게 성령이 임하셔서 그들은 방언과 예언을 했다.

| 맺는말 |

1) 성령받음은 아버지의 약속하신 그분(성령)이 각 개인에게 오셔서 고아와 같이 버려두지 않고 영원토록 함께 하심이다(요14:16).

2) 성령(선물, 세례)은 죄 사함 얻은 자 누구에게나 아버지께서 주시겠다고 약속하신 구원의 선물이다(욜2:28~32, 행2:38~39).

3) 성령 세례는 죄 사함을 얻고 구원 얻음과 동시에 받는 것임을 믿을 때 받는다(행19:2, 4).

4) 성령(선물, 세례)은 인간의 어떤 공로나 노력이나 신앙 수준으로 받는 것이 아니라 전적으로 성령 주심(세례)에 대한 아버지의 약속과 성경 말씀을 듣고 믿음으로 받는다(갈3:2, 5, 딛3:5).

5) 인간의 구원은 죄에서의 구원이다. 그러므로 구원 얻었다면 아버지께서 약속하신 대로 성령은 구원의 선물로 거저 받는다. 이는 기도나 선행 또는 노력이나 공로, 신앙의 수준이 필요한 것이 아니라 다만 성령받음에 대한 아버지의 약속을 믿음으로써 받는 것이다. 이에 대한 교회의 바른 가르침이 필요하다.